Hans L. W. Otto

Kritische Studie über das anonyme Jeu saint Löys, roy de France

Hans L. W. Otto

Kritische Studie über das anonyme Jeu saint Löys, roy de France

ISBN/EAN: 9783744611879

Hergestellt in Europa, USA, Kanada, Australien, Japan

Cover: Foto ©Thomas Meinert / pixelio.de

Weitere Bücher finden Sie auf **www.hansebooks.com**

Kritische Studie

über das anonyme

Jeu saint Löys, roy de France.

Inaugural-Dissertation

der

hohen philosophischen Fakultät der Universität
Greifswald

zur Erlangung der Doktorwürde

vorgelegt

und nebst den beigefügten Thesen

Dienstag, den 6. Juli, 11 Uhr

öffentlich verteidigt

von

Hans L. W. Otto

aus Perleberg.

Opponenten:

Herr cand. phil. M. Boldt.
Herr cand. phil. B. Beyer.

Greifswald.
Druck von F. W. Kunike.
1897.

Dem Andenken der Eltern

gewidmet.

Einleitendes.

1. Das ältere der zwei, für das Pariser Publikum ge-
schrieben Misterien von König Ludwig dem Heiligen,
dem folgende kritische Studie gewidmet ist, ist überliefert in
der Hs. der Pariser National-Bibliothek, *fonds de Navarre*
No. 25, und umfasst auf 247 Blättern nahezu 20 Tausend
Verse. Einen **Herausgeber** hat es gefunden in FRANCISQUE-
MICHEL, welcher für den aristokratischen Roxburghe-Club
den Druck besorgte, im Auftrage von dessen Mitglied, Herrn
HENRY HUTH[1]). Der Text umfasst 393 zweispaltige Seiten in
Grossquart; voraufgeschickt ist eine beachtenswerte Vorrede
von 42 Seiten, und am Schlusse finden sich 19 Seiten
Additions et Corrections, welche letzteren allerdings mit grosser
Vorsicht zu benutzen und teilweise selbst recht korrektur-
bedürftig sind; die Anlegung der letzten Hand ist hier
offenbar durch Übereilung des Druckabschlusses verhindert
worden. - - Wegen der schweren Zugänglichkeit solcher Club-
Ausgaben werde ich im Verlaufe dieser Arbeit nicht nach
Michel's Seiten und Kolumnen zitieren, sondern nach den
Folios der Hs., welche sich im Druck neben dem Texte am
Rand vermerkt finden[2]). Und zwar werde ich der Kürze
halber *recto* mit a, *verso* mit b bezeichnen; also: Bl(att) $1^a{}_{10}$ =
Folio 1 recto, Vers 10; 15^b u. 6 = *Folio 15 verso* Vers 6
von unten; 102^a l. V., ö. = *Folio 102 recto* letzter Vers,
und öfter[3]).

1) Le Mystère de Saint-Louis, Roi de France, publié pour la
première fois . . . par Francisque-Michel. &c. Westminster 1871.
2) In Michel's Ausgabe sind hierbei folgende Berichtigungen vor-
zunehmen: statt des ersten 77 *verso* lies 76 *verso*; st. des ersten 94
recto l. 93 *verso;* 106 *recto* ist nicht vermerkt; st. des ersten 196 *recto*
l. 195 *recto;* 197 *verso* fehlt; die erste Kolumne auf Michel's Seite 321
ist eine irrtümliche Wiederholung der vorangehenden Spalte, womit auch
die zweite Bezeichnung *Folio* 204 *verso* fortfällt; st. 309 *recto* l. 209
recto; 209 *verso* fehlt; st. des zweiten 212 *recto* l. 213 *recto*.
3) Die an sich bequemere Zitierung nach der laufenden Verszahl
war undurchführbar. Eine Zählung nach Hunderten hat der Schreiber
zwar zu Anfang der Hs. versucht; doch ist sie durchweg fehlerhaft — gleich

2. Das *Jeu saint Loys* ist eines der ältesten französischen **Dramen nationalen Inhalts.** Nur drei ältere sind bekannt: diejenigen von König Klodwig und von Berthe[4]), sowie das *Mistere du siege d'Orleans*[5]). Späteren Ursprungs ist ein zweites, in neun „Büchern" etwa 7000 Verse umfassendes Ludwigs-Mister: *La Vie Monseigneur sainct Loys, roy de France, par personnaiges*[6]), welches GRINGORE 1514 für die Pariser *Confrérie des maçons et charpentiers* verfasste. **3.** Über die Person des **Autors** unseres, d. h. des älteren *Jeu saint Loys* ist nichts bekannt. Doch lässt sich aus dem kirchlichen Gepräge des Stückes und dem darin entwickelten beträchtlichen Aufwande an biblischer und kanonischer Gelehrsamkeit der Schluss ziehen, dass es wie die meisten Misterien des 15. Jh. von einem Kleriker herrührt. **4.** Als **Quelle** benutzte dieser einzig die lateinische Lebensbeschreibung des hl. Ludwig von dem offiziellen Hagiographen GUILLAUME DE CHARTRES[7]); daneben zog er nicht einmal JOINVILLE's *Histoire* heran, wiewohl diese damals bekannt und gelesen war, wofür MICHEL ein Zeugnis anführt. **5.** Die genaue **Abfassungszeit** ist nicht bekannt. Die erhaltene Hs. weist am Ende, neben *parrafe* (oder „*signe*") und den Namen des Kopisten, die Jahreszahl 1472 auf, sowie eine Notiz über ihren Besitzer, einen *medesayn du roy*. Aus der Schlussbemerkung: *Ce lyvre apartient à la Passyon de nostre sauveur Jhesu-Crist* kann man folgern, entweder dass jener königliche Leibarzt ein Mitglied der, als *Confrérie de la Passion* bekannten stehenden Theater-Gesellschaft war, oder, was wahrscheinlicher ist, dass die Hs. später in deren Besitz übergegangen war.

die Bezeichnung j. c. steht neben Vers 105 — und schläft mit der Zahl XIII. C. völlig ein. Michel hat eine Zählung überhaupt nicht unternommen — glücklicherweise, kann man nur sagen, da sie wegen der vielfachen Unsicherheit des überlieferten Textes und der, selbst nach Michel's Revision noch verbleibenden Lücken unbedingt unzuverlässig hätte ausfallen müssen.

4) Beide enthalten in der Sammlung der *Miracles de N.-D.*, p. p. G. Paris *et* U. Robert.

5) Nach der einzigen, in der Vatikan. Bibl. aufbewahrten Hs. veröff. von F. Guessard und E. de Certain, Paris 1862.

6) Gedruckt von A. de Montaiglon und J. de Rothschild: *Œuvres complètes de Gringore*; Paris 1877, 2. Bd.

7) Guillelm Carnot. *de Vita et Miraculis sancti Ludovici regis, ap.* Chesnium, *Historiae Francorum Scriptores*, t. V, p. 475, C; und Bolland. *Acta Sanctorum Augusti*, t. V, p. 567, col. 1, B, § 38, und p. 648, col. 2, F, § 291.

6. Über die **Handschrift**, von welcher MICHEL ein Facsimile
mitteilt, sei bemerkt, dass sie von einem Schreiber in
dürftiger Kurrentschrift auf Papier geschrieben ist, ohne
Miniaturen, also wohl nur zum Memorieren für die Aufführungen bestimmt Der Unwissenheit und Nachlässigkeit
des Kopisten sind die zahlreichen Mängel der Hs., als ver-
stümmelte und ausgelassene Verse, versehentliche Wiederholungen selbst längerer Abschnitte[8]), fehlerhafte Angabe
der redenden Personen[9]), u. dgl. m., zuzuschreiben. Näheres
über die Mängel des Textes, sowie über MICHEL's Her-
stellungs- und Ergänzungsversuche wird sich aus den
folgenden Abschnitten ergeben.
7. Einteilung. — Das Mister zerfällt in drei *Jours*[10]),
deren erster wegen seiner grossen Ausdehnung in zwei
gleich lange Hälften, *parties*, zerlegt ist. Die Aufführungen
hatten stattzufinden am ersten Tage vor- und nachmittags,
mit einer nur halbstündigen Unterbrechung zwischen beiden
esbas (Bl. 108ᵃ₃). Die Pause wurde durch musikalische Vor-
träge der *menestriers* ausgefüllt und diente sowohl dem, in
verdeckten Abteilungen (*retraits* oder *eschauffaus encourtinez*)
des Bühnengerüstes vor sich gehenden Kostümwechsel der
Schauspieler (*joueurs, compaignons*), als der leiblichen Stärkung
dieser und der schaulustigen Menge. Am zweiten Tage
wurde morgens, am dritten von der Mittagstunde an gespielt.
Eine weitere Gliederung des Misters kommt in der Hs.
nicht zum Ausdruck. Zwar findet sich auf Bl. 214ᵃ oben die
Bemerkung IIIᵉ *du* IIIᵉ *jour*, ähnlich 230ᵃ oben *Partie* IIIᵉ *du*
IIIᵉ *jour*, 242ᵃ oben Vᵉ *du* IIIᵉ *jour*; doch stehen diese Ein-
tragungen in keiner Beziehung zu der Handlung, da sie
mitten in die Auftritte hinein fallen; sie scheinen nur auf
die richtige Einordnung der Blätter Bezug zu haben, die
vielleicht für die Proben einzeln oder in kleinen Heften der
Hs. entnommen wurden. — Die einzelnen Szenen, aus
welchen die *Jours* bestehen, sind in keiner Weise kenntlich
gemacht, und auch der Herausgeber hat es nicht für nötig

---

8) Der bedeutendste Verstoss dieser Art findet sich zu Anfang von
Blatt 216ᵃ, wo die ersten sechzehn Zeilen von Bl. 215ᵇ wiederholt sind.
9) So auf Bl. 25ᵇ, wo nach den ersten zwei Zeilen der Marguerite
der Rest ihrer Rede der Royne Blanche zuzuweisen ist; andere Berichtigungen ergeben sich aus meinem Emendationen weiter unten.
10) So nämlich heisst es zu Beginn des 2. und 3. Aktes. Am
Schlusse des ersten *Jour* steht: *Finis pro prima die.*

erachtet, hierin dem Zustande ursprünglicher Wildheit abzu-
helfen. Bei aufmerksamer Lektüre ist es allerdings keine
sonderlich schwierige Aufgabe, den jedesmaligen Szenen-
wechsel zu erkennen, wobei auch die gelegentlich einge-
streuten Bühnen-Anweisungen dem Leser hie und da zu
Hülfe kommen. Etwas verwirrend wirkt nur das häufige
Durcheinander der Szenen, bezw. die gleichzeitige Fortführung
mehrerer Handlungen, welche sich in verschiedenen, vom
Zuschauerraum zu übersehenden Abteilungen der Bühne ab-
spielen. Die Fälle dieser Art sind überaus zahlreich, und
ihnen würde inderthat bei einer beabsichtigten Gliederung
des Textes in Szenen ein Herausgeber ziemlich ratlos gegenüber stehn. Hier von vielen nur ein paar Beispiele. Auf
Bl. 45ᵇ wird die Handlung · – der Graf und die Gräfin von
dɛ. Marche begeben sich zu ihrer Unterwerfung an den
Hof — durch ein heftiges Poltern des Königs von England
en son eschauffaut unterbrochen, welcher in sechs Versen
seines Jargons seinen Groll über die erlittene Schlappe aus-
tobt. Auf Bl. 57ᵇ entsendet König Ludwig den Herold Paris
nach Bourges; hierauf werden vier Zeilen von dem, auf
einer Reise in Burgund begriffenen Herolde Fleur-de-lis
gesprochen; in den folgenden vier Zeilen (58ᵃ oben) er-
kundigt der König sich bei seiner Mutter nach den Fort-
schritten, die sein Söhnchen Philipe im Gehen macht;
alsdann begleiten wir abermals Fleur-de-lis auf seiner
Reise. Auch Bl. 39ᵇ sq., und sonst häufig, finden sich Fälle
von drei gleichzeitig vorgeführten Handlungen. Gegen ein
solches Wirrsal mag wahrlich das, in dem späteren Kunst-
drama zur Geltung gelangte Einheiten-Gesetz als eine Erlösung, eine fast ideale Errungenschaft erscheinen.

8. Plan und Inhalt. — Ein künstlerischer Plan oder Auf-
bau, eine dramatische Steigerung der Handlung, ist auch in
diesem Mister nicht erkennbar. Es ist nichts als dialogisierte
und in Verso gesetzte Geschichte, und dementsprechend bezeichnen auch die Herolde bei Eröffnung oder Schluss eines
Jour mehrfach das Stück; so Bl. 106ᵇ u. 2 und 185ᵇ7:
l'istoire, 53ᵃ4: *Du vaillant roy Loys l'istoire.* In den Akt-
überschriften finden sich noch die Bezeichnungen *livre*
(Bl. 53ᵇ oben; am Schluss des Werkes: *Explycit ce livre*) und
Jeu saint Loys ‹186ᵃ oben). Der in MICHEL's Ausgabe dem
Texte voranstehende Gesamttitel *Mystère &c.* rührt, wie schon
aus der Ortographie hervorgeht, von dem Herausgeber her;
in der Hs. begegnet eine derartige Benennung nicht.

Der behandelte Stoff verteilt sich auf die einzelnen Akte wie folgt:

I, 1, fast 4000 Verse: Regentschaft der Royne Blanche, Krönungszug des jungen Ludwig nach Reins, seine Vermählung mit Marguerite von Provence, Aufstand und *descomfiture* des Conte de la Marche, nebst Einfall Heinrichs III. von England; schwere Erkrankung' Ludwigs zu Pontoise und Kreuzzugs-Gelübde.

I, 2, fast 4000 Verse: Papst Innocent Quart zu Lion fordert Ludwig zum Kreuzzuge auf; Sammlung und Aufbruch des Kreuzheeres über Aiguemorte; Blanche Statthalterin (*chevetainne*) von Frankreich. Überwinterung Ludwigs auf Cypern, als Gast des Königs (= Heinrich von Lusignan). — Beilegung der inneren Fehden der sarazenischen Sultane. Einnahme von Damiette durch das Kreuzheer.

II, über 6000 Zeilen: Szene in der Hölle, deren Beherrscher Lucifer die Seele des sterbenden Sultans von Ägypten durch seine Höllengeister holen lässt. Hungersnot im fränkischen Heer. Vertrag zwischen Ludwig und dem neuen Sultan (= dem letzten Fatimiden), welcher von seinen unzufriedenen „Rittern" (= Mameluken) ermordet wird. Das französ. Königspaar geht nach Jaffa; der grösste Teil des Heeres geht jedoch in Ägypten untern Martern zugrunde. — Tod der Königin Blanche, Rückkehr Ludwigs nach Paris, wo er das *Estatut Nourel* erlässt und Estienne Boyeleaue zum Prevost ernennt. Bestrafung des *galant de Paris qui regnye Dieu*. Mildthätigkeit und Selbstdemütigung des Königs: Fusswaschung und Speisung der Armen.

III, über 5000 Zeilen: Der Grant Can de Tartarie bekriegt mit seinen Tartarins den Sultan von Damaskus und den Grossprior der Karmeliter sowie die Tempelritter in Acre. Botschaft an den Papst, und von diesem an Ludwig, welcher die Vasallen zu einem neuen Kreuzzuge aufruft; Überfahrt nach Tunis, Einnahme des chastel de Cartaige. Tod des Königs, welchen Gott durch seine Erzengel zu sich nimmt. Überführung der wunderthätigen Leiche nach St. Denis, Klagen im ganzen Lande; mit drei weiteren Wundern schliesst das Mister.

9. Die in demselben auftretenden **Personen** sind in der Mehrzahl der Geschichte entlehnt, zum Teil aber auch erdichtet: so die Herolde, denen zuweilen recht wichtige Funktionen zufallen, und sicher eine Anzahl der sarazenischen Grossen. Obwohl der Name Egipte häufig begegnet, heisst

doch der Beherrscher dieses Landes stets Souldan do Ba-
bilonne, was offenbar aus dem Irrtum zu erklären ist, dass
dies der Name der ägyptischen Hauptstadt sei. Der mit dem
letzten Fatimiden identische Filz du Souldan führt auch
nach seiner Thronbesteigung diese Bezeichnung weiter, und
selbst nach seiner Ermordung werden deren Anstifter, also
die neuen Herrscher, die historischen Mameluken, beständig
als les Chevaliers du filz du Souldan aufgeführt[11]).
Über dom ägyptischen und dem syrischen Sultan (von
Halape [— Aleppo] und Damaskus) steht als apostre der
gesamten *loy Mahommet* der Calife de Baudas (— Bagdad).
Im dritten Jour erscheint als Haupt der westlichen Sarazenen
der roy de Tunes (im Reim zu *dunes, hunes*). Die Person
des franzöz. Leibarztes Dido entlehnte der Verf. aus seinem
lateinischen Hagiographen, bei welchem sich ein Magister
Dudo als *physicus et clericus domini regis*, später als *canonicus
Parisiensis et medicus* findet.
Allegorische Personen, von denen GRINGORE, der
Verf. des jüngeren Misters auf den h. Ludwig, einen ganzen
Apparat (*l'Esglise, la Chevalerie, le Populaire, Bon Conseil,
Oultraige*) auf die Bühne bringt, hat der Anonymus nicht
verwertet. Dagegen fehlt in seinem Werke nicht der Heer-
bann über- und unterirdischer Geister, obwohl anzuerkennen
ist, dass der Verfasser sich in Zitierung derselben eine weise
Beschränkung auferlegt hat. Nur wenn die fränkischen
Ritter im Begriff sind, den Martern, welche sie für ihren
Glauben erleiden, zu erliegen und ihren Geist in die Hände
des Herrn befehlen, tritt Gott persönlich auf und heisst
seine Erzengel Michael und Gabriel die Seelen der
sterbenden Helden in das Paradies tragen; auch in der
mehrfachen Leidensgeschichte des frommen Königs ist dem
Höchsten eine bescheidene Rolle zugewiesen. Das Gegenstück zu dom Eingreifen der „höheren Mächte" bildet, im
deuxiesme jour (Bl. 109[b] bis 113[a]), das Auftreten der Höllengeister (*deables pulents et ors*), welche die Namen Lucifer,
Pluto, Penthagruel und Titynillus führen. Erwähnt

11) Zu dem Namen eines dieser *mescreans*, Malortie, macht
Michel, p. 404, eine Bemerkung, welche darauf hinausläuft, einen
späten Nachkommen jener *mauvaise ortie* zu niemand anders als dem
Fürsten Bismarck in verwandtschaftliche Beziehung zu bringen. Der
Umstand, dass Michel die Arbeit im Winter 1870—71 unter Händen
hatte, wird ihm unser volles Verständnis für diesen Versuch sichern.

werden noch andere, wie Mulcibor (= Vulkan), Nep-
tunus, Venus[12]) oder Luxure, und deren Schwester
Gloutonnie, la faulce gloute — von welchen mehrere neben
Mahon, Barratron, Jupin oder Jupiter, Apolin,
Bacchus, Mars, auch als Götter der Heiden-Sarazenen
hingestellt werden; nicht vergessen dürfen wir den Höllen-
trompeter Quiquenquetto, welcher unter höllischen Weisen
mit der Seele des bösen Sultans zur Hölle fahren soll.
Personen-Verzeichnisse sind sowohl dem ersten als dem
zweiten Teile des *premier jour* beigegeben; doch sind sie
trotz ihrer Länge nicht vollständig; auch sonst erweisen sie
sich nicht als völlig zuverlässig, da z. B. in dem zweiten
bereits die vier Teufel aufgeführt sind, obwohl diese erst in
dem folgenden Tagspiel zu erscheinen haben.
10. Hinsichtlich der Wahrung der **historischen Treue** treffen
den Autor des Misters keine ernsteren Vorwürfe. Er hat
sich hierin seiner Vorlage eng angeschlossen und die geschichtlichen Thatsachen oft in allen Einzelheiten genau
wiedergegeben; so, wenn er den siegreichen König barfuss
in Damiette einziehen, die grosse Moschee (*la mahommerie*)
zur Kirche weihen, und diese reich ausstatten lässt; nur die
Zertrümmerung der goldenen, ehernen und hölzernen Götzen-
bilder hat ihm hierbei einen bösen Streich gespielt. In
einigen, an sich unwichtigen Dingen irrt er allerdings; so
wird, neben anderen geringfügigen Anachronismen, Prinz
Philippe als *dauphin* bezeichnet, und bei des Königs Tode
z. B. ist dessen dritter Sohn noch zugegen, während derselbe
thatsächlich bereits vor seinem Vater dem Klima erlegen
war. — Andere Abweichungen von der strengen historischen
Wahrheit sind von vornherein bedingt durch die Tendenz
des Hagiographen, die ganze königliche Familie und die
Mehrzahl der Grossen als mit allen christlichen Tugenden
geschmückt, sowie die Person des Königs als von jedermann
freiwillig und unbedingt verehrt darzustellen. Daher erfahren
wir nichts von der Herrschsucht der Blanca, welche die
unerschöpfliche Langmut des frommen Königs auf so harte
Proben stellte; und — mit einer Ausnahme — nichts von
den häufigen Rebellionen und Gewaltthaten der nördlichen
Barone; vielmehr tritt bei den Vasallen ein staunenswerter
Opfermut zu Tage, und eine stete, einmütige Bereitwilligkeit,

------

12) Vgl. Musset's Vers „*Venus* avec le Christ y *dansait aux
enfers*", in seinem Dialog Dupont et Durand.

dem Könige bei seinen weitausschauenden, man möchte sagen
uferlosen, Plänen mit Heeresfolge und Einsetzung der eignen
Person zuwillen zu sein. Unter diesen Umständen nimmt
es Wunder, dass der fromme Geschichtsschreiber und sein
dramatischer Bearbeiter nicht aus der Person der heiligen
Isabella, der Schwester Ludwigs, oder aus einem Vorgange,
wie der Lehnshuldigung des englischen Königs, für ihre kirchlichen und nationalen Zwecke Kapital geschlagen haben, zumal
wir sehn werden, dass der englische Erbfeind sonst als Ziel-
scheibe des Spottes weidlich herhalten muss.

Ein Vergleich mit dem kürzeren GRINGORE'schen Ludwigs-
Mister fällt auch nicht gerade zugunsten unseres Anonymus
aus. Es kommen in jenem doch manche Züge zur Geltung,
welche den Geist der Zeit treuer wiederspiegeln, als der
gleichmässige religiöse Nimbus, welcher die gesamte Handlung des älteren Jeu umgiebt. Die GRINGORE'sche Szene, in
der die Grossen des Reichs der Königin-Mutter die Vormund-
schaft über den Knaben Ludwig zu entreissen trachten;
diejenigen, welche den missglückten Handstreich gegen den
König, oder dessen Zerwürfnisse mit Kaiser Friedrich II
behandeln; die orientalische Marktszene; endlich jene, in
welcher messire Enguerran drei vlämische Edelknaben,
die er in seinem Walde spielend betroffen, „in Wahrung
seiner Jagdrechte" elend hinmorden lässt und dann die
Justiz des Königs nahezu illusorisch zu machen weiss —
diese Szenen wiegen viele Spalten langatmiger Reden und
frommer Betrachtungen in dem älteren Stücke auf.

II. Das ältere Mister ist in paarweise reimenden Achtsilbnern verfasst, in welche jedoch zahlreiche **strophische Gebilde**
in wechselnden Metren hineinverwebt sind. Vorzugsweise
finden die letzteren für die lyrisch gehobenen Partieen Verwendung, — doch nicht ausschliesslich. So zähle ich
neben einer Chançon, einer Anzahl Balladen und Rondels,
sechs Bitten der Marguerite, 21 Gebeten, 21 Klagen &c.
auch 22 schlichte Gespräche in Strophenform. Im Ganzen
füllen die strophischen Gebilde mehr als den neunten Teil
des Werkes, genau 2255 Zeilen. Eine Übersicht der vor-
handenen strophischen Formen lasse ich hier folgen.

12. Freie Strophen.
a) Zwölf aufeinanderfolgende Vierzeilen von Achtsilbnern,
nach der Reimfolge abab cdcd efef &c. — Bl. 236ᵃˑᵇ (beginnt:
Se Dieu t'envoie prosperité).

b) Zwei Sechszeilen, in Verbindung mit anderen Strophen, Bl. 127ª; und zwar: aab aab in 5-silbnern (*Puissance divine*); $a_5a_5b_7$ $a_5a_5b_7$ (*J'aperçoy la guerre*).

c) Die Achtzeile abab bcbc, die bei weitem am häufigsten auftretende Strophe. Gewöhnlich in 8-silbnern: Bl. 51ᵇ, 76ᵇ, 108ª, 163ᵇ, 185ᵇ, &c.; doch, wenn mit anderen Gebilden verbunden, auch in 5-silbnern, so Bl. 160ª (*Ta doulce parole*). — Auch abweichende Reimfolgen begegnen: abba acac, Bl. 157ᵇ (*Triste, as-tu sonné*, und: *A gens plainz d'oultrage*), 158ª (*Ce seroit le mieulz*, und: *Lesquelz trois feront*), 158ᵇ (*Ça, maistre, il fauldra*), — sowie abab acac, Bl. 143ª (*Quant à tous mes gens qui seront*).

d) Drei 10-Zeilen: aab aab bc bc in 8-silbnern, Bl. 162ᵇ (*Sire, qui de la Vierge eurée*), $a_7a_8b_7$ $a_7a_8b_7$ b_8c_7 b_8c_7, 216ᵇ (*Je vous prie de vouloir tendre*), — und gänzlich abweichend: ababb | $c_7c_8c_8c_8b_7$, 244ᵇ (*Helas! quel dure desplaisance!*)

e) 12-Zeilen verschiedener Bildung: Reimfolge aab aab ı bbc bbc in 8-silbnern: 20ᵇ, 54ᵇ—55ª, 127ª, und oft; in 5-silbnern: 127ᵇ, 133ᵇ, 155ᵇ, 160ᵘ, 238ª, u. ö.; in 7-silbnern nur 121ᵇ (*A toy, Royne des cieux*); in 4-silbnern nur 238ᵇ (*A Dieu me rens*). $a_8a_4b_8$ $a_8a_4b_8$ | $b_8b_4c_8$ | $b_8b_4c_8$—141ª·ᵇ, 155ᵇ, 160ª, u. ö. $a_7a_8b_7$ $a_7a_8b_7$ | $b_7b_8c_7$ $b_7b_8c_7$—121ᵇ, 133ᵇ, 137ᵇ, 216ª, u. ö. Einmal begegnet die Form $a_8a_8b_7$ $a_8a_8b_7$ ı $b_7b_8a_7$ $b_7b_8a_7$—183ª (*O glorieuse Trinité*).

f) Eine 13-Zeile von 5-silbnern: abab · bbc bbc bbc—138ª (*Las! en quoy pourroye*).

g) Drei 14-Zeilen: $a_7a_8b_7$ $a_7a_8b_7$ | $b_7b_8b_8c_7$ $b_7b_8b_8c_7$—71ᵇ (*Le mien cuer seroit desroux*), 141ᵇ (*Tu ne scaroyes dire contre*); und: $a_7a_8a_8b_7$ $a_7a_8a_8b_7$ | $b_7b_8c_7$ $b_7b_8c_7$—137ᵇ (*Guerre felle et oultrageuse*).

h) 15-Zeilen: $d_8d_8e_8$ | $e_8e_4f_8$ $e_8e_4f_8$—$f_7f_8g_7$ $f_7f_8g_7$ —238ª (*O saint Denis, ami de Dieu*).

Zwei inhaltlich verbundene, doch reimlich getrennte 15-Zeilen auf Bl. 214ª (die erste: *Helas! j'ay au cuer douleur fiere*) sind in der Weise aneinandergefügt, dass sie eine fortlaufende Kette kleinerer Strophen von 4, 5, 6, 7 und 8 Zeilen (8-silbner) bilden. Das ursprüngliche 'Reimschema konstruiere ich aus dem teilweise verstümmelten Texte[13]) wie folgt:

abba | aacac | ccd ccd ‖ efef f͡gf | gbgh hihi.
i) 16-Zeilen, sämtlich in 5-silbnern. Bl. 142^{a,b} (*Souldan, bien me plaist*): abba bccb bdbd dede.
Auf Bl. 243^{a,b} (*En grant haboudance*) sechs Strophen der Reimordnung aaab aaab bbbc bbbc. — Obschon zwischen diesen Strophen keine fortschreitende Reimverbindung besteht, bilden sie doch eine eng zusammengehörige Gruppe. Die formelle Verknüpfung wird dadurch hergestellt, dass in den vom Herolde Fleur-de-lis vorzutragenden Strophen 1, 3, 5 der Reim c derselbe ist, und eine jede derselben mit der Zeile *Loys, vostre roy* schliesst, während zwischen den Strophen 2, 4, 6 des Herolds Paris ein gleiches Verhältnis besteht, und jede die Schlusszeile *Vostre roy Loys* aufweist. — NB. Bei Strophe 1 wird die am Anfang fehlende a-Zeile durch die vorangehende Bindezeile ersetzt, wie dies auch in anderen strophischen Gebilden zu beobachten ist (242^a: *Las! rery piteuse nouvelle;* 160^b: *Mon Createur, qui es lassus*).

j) Eine 20-Zeile:
$a_8 a_8 a_8 b_4 \; b_8 b_8 b_8 c_1 \; c_8 c_8 c_8 d_4 \; d_8 d_8 d_8 e_1 \; e_8 e_8 e_8 f_4 - 26^b$ (*Helas, mon pere, or voy-je bien*).

k) Eine 21-Zeile:
$a_7 a_3 a_7 b_7 \quad a_7 a_3 a_7 a_3 b_7$ | $b_7 b_3 b_7 b_7 b_3 c_7 \quad b_7 b_3 b_7 b_7 b_3 c_7 - 134^a$ (*Marie, estelle de mer*).

l) Eine 22-Zeile:
abab | bcbc ‖ $c_7 c_3 b_7 \; c_7 c_3 b_7$ | $b_7 b_3 b_3 d_7 \quad b_7 b_3 b_3 d_7 - 71^b$ (*Le depart me seroit amer*).

⎵
8

---

13) Die Zeilen 16—24 lese ich:
        Mon [doulx] amy especial,
        Ma seule joyë, mon confort,
        Me laisrez-vous [seulö] ou val
        De tristesse ët desconfort?
        Vous me baillez courroux tres fort,
        Qu'à pou que n'en vois *definer*.
        Las! ie le dy en pleurant [fort].
        La⌐ⁱ · · · e vouloit mener
        A(· · , · · ' ͵e me reconfortasse, &c.

m) Zwei 24 Zeilen:
aaab aaab | bbbc bbbc | cdcd | dede, ganz in 5-silbnern — 242^b
(*Ah, Mort despiteuse*); abab | bccb | bdbd | dede | effe | egeg, in
4-silbnern — 238^a (*A toy me rens*).

n) Zwei 25-Zeilen:
aab aab | bbc bbc || ccd ddc | cce eec, in 5-silbnern — 138^a
(*Mon amy Loys*);
$a_N a_3 a_6 \; a_6 a_3 b_8 \;|\; a_8 a_6 a_8 a_3 b_8 \;||\; b_8 b_8 b_3 b_8 b_3 c_8 \;|\; b_8 b_N b_8 \;\underbrace{bbbbc_8}$
— 244^a (*Ha, Mort, Mort, Mort fiere͡ et tres dure*).

o) Eine 27-Zeile in 5-silbnern:
aabba | accac || cddc | cece || effe ⸱ egeeg — 212^a (*Mon lëal amy*).

p) Eino 29-Zeile:
$a_N a_8 b_4 \; b_8 b_8 b_8 c_4 \; c_8 c_8 c_8 d_4 \; d_8 d_8 d_8 e_4 \; e_8 e_8 e_8 f_4 \;||\; f_8 f_8 g_4 \; g_8 g_4 h_8 \;|$
hïih — 160^b (*Mon Creatur, qui es lassus*).

q) Eino 37-Zeile in 5-silbnern:
aab aabb | ccd ccd | deed || dfdf fgfg ghgb hihi ijij — 142^a (*Le
faulx Mahommet*).

r) Eine 43-Zeile:
aab aab | bbc bbc | cdcd dede || e$_7$e$_3$ | f$_7$f$_7$f$_3$g$_7$! f$_7$f$_3$f$_3$f$_7$g$_7$ ||
$\underbrace{}_{8}$
ggb ggh | hhi hhi — 99^b unten — 100^a (*O glorïeux roy droiturïer*).
$\underbrace{}_{5}$

s) Eine 55-Zeile:
ab aab | bbccb | bbc'bc' || c'dc'd | dede | efef || fggf | fhbf |
$\underbrace{}_{8}$ $\underbrace{}_{7}$ $\underbrace{}_{5}$
fiif || fjfj | jkkj || jljl | lmml—242^{a,b} (*Las! vecy piteuse nouvelle!*).
$\underbrace{}_{5}$ $\underbrace{}_{8}$

13. Neben den aufgeführten strophischen Gebilden begegnen mehrere **feste Dichtungsformen**:
a) fünf Balladen, von denen die ersten beiden in
8-silbnern, die übrigen in 10-silbnern; der fünften fehlt das
Geleit. Die Reimschemata sind:
1) abab | bcbC || dede | eceC || fgfg | gcgC || hcchC—74^b
(*Adieu, le roy des Fleurs-de-liz*), s. § 69^b.
2) abab bcBC || dbdb bcBC || ebeb bcBC || bcBC—145^b-146^a
(*A ma compagne et vraye espeuse*).
3) abab | bcbbc | bC || dede ⸱ eceec | eC || fgfg | gcggc | gC ||
hhc hC—156^b (*Vray Dieu, de qui à voir ꝭꞁꞇ desirée*).
4) abab | bcbc | bbC || dede ⸱ ecec | eeC'ꝭ'fgfg | gcgc | ggC ||

bbc hC—158ᵇ—159ᵃ (*Mon Createur, mon Dieu, mon Pere doulz*).
abab ı bbc bbC ᵎ dede | eec eeC ı| tgfg | ggc ggC—219ᵇ
(*Adieu te dis, mon [tres] bel amoureux*), s. § 69ᵃ.

b) 33 Rondels, wovon 28 achtzeilige (also Triolets) in
8-silbnern: ABaA abAB—16ᵇ, 26ᵇ, 33ᵇ, 50ᵇ, 56ᵃ, 67ᵇ, 104ᵃ,
109ᵃ, 126ᵃˑᵇ, 126ᵇ (drei), 153ᵇ—154ᵃ, 154ᵃ⁻ᵇ, 154ᵇ—155ᵃ,
157ᵇ—158ᵃ, 162ᵃ, 163ᵃ, 171ᵇ, 181ᵇ—182ᵃ, 185ᵇ, 210ᵇ, 217ᵃ⁻ᵇ,
220ᵃ, 234ᵃ (s. § 68ᵃ), 240ᵃ, 241ᵃ;

ferner nach gleichem Reimschema drei 7-silbner-Rondels
— 137ᵇ-138ᵃ (das mittlere: *Le mien n'est pas en prison* ist
Fragment; Zeilen 4, 5, 6 fehlen), und ein 5-silbner-Rondel —
156ᵃ⁻ᵇ (*Frappons. Je le veulz* — Fragment; Zeilen 4, 5, 6
fehlen);

endlich ein 16-zeiliges Rondel von 4-silbnern: A¹B¹A²B²
ab A¹B¹ abab A¹B¹A²B²—238ᵃ (*Adieu, enfans*), s. § 68ᵇ.

c) Eine *Chançon* in 8-silbnern:
ABBA | accaA ... | addaA ... | aeeaA ...--71ᵃ (*Adieu les
damez de vaillance*); S. § 67.
Von einer anderen, sonst unbekannten *Chançon* ist nur
die Anfangszeile zitiert (*Gente de corps, belle aux beaus iex*: 21ᵃ).

14. Die genannten freien und festen Strophenformen
treten bald einzeln, bald in wechselnder Verbindung[14]) auf,
nicht selten auch mit Reimverknüpfung untereinander, wodurch sich die Zahl der Gebilde leicht noch vermehren
liesse. Denn, wie zu den Bestandteilen der, unter § 12 l, p,
q, r, s aufgeführten Strophen einfache 8-, 10-, 12-, 14- &c.-
Zeilen gehören, könnte man z. B. auch auf Bl. 160ᵃ, mit dem
Verse *Mon Createur, je vous mercye* beginnend, aus zwei
12-Zeilen und einer 8-Zeile (sämtlich reimverbunden) eine
32-Zeile konstruieren; und so des Öfteren. Besteht nun
schon zwischen benachbarten strophischen Gebilden
häufige (doch fakultative) Reimverknüpfung, so sind in dem
nichtstrophischen Texte unseres Misters die **Bindezeilen,**
welche mit dem Anfangs-, bezw. Schlussverse einer einge-
schalteten strophischen Partie reimen, durchaus obliga-
torisch. In dem ganzen Werke ist diese Vorschrift nur

---

14) Die Blätter 153ᵇ bis 163ᵃ weisen eine fast ununterbrochene
Kette strophischer Gebilde auf; auch an anderen Stellen findet sich Ähnliches.

dreimal verletzt[15]), was sicherlich für den Fleiss spricht, den
der Autor auf die Form verwandt hat. Auch das Gesetz
vom Übergreifen eines Reimpaares aus dem Schluss
einer Rede in den Anfang der folgenden ist, mit geringen
Ausnahmen[16]), sorgfältig beobachtet — Am Beginn und Ende
der Akte (und Halbakte des *premier jour*) findet weder das
Gesetz von den Bindezeilen, noch das vom Übergreifen der
Reimpaare Anwendung. —
Über die Waisen, reimlosen Zeilenpaare und einreimigen
Dreizeilen s. §§ 60—62.

I. Abschnitt: Sprache.

15. Begrenzung des Themas. — Ich gehe nur auf sprach-
liche Erscheinungen ein, welche vom metrischen Standpunkte,
d. h. für die Silbenzählung und die Reimbildung, von Belang
sind. — Auch bleiben diejenigen Teile des Werkes unberücksichtigt, welche in dem
16. Jargon anglo-français verfasst sind. Sie finden sich
auf Bl. 34[a] bis 37[a], 38[b] bis 43[b], und 45[b], passim, und füllen
im Ganzen 300 Verse und zwei Versteile. Dieser Jargon
würde eine sorgfältige Einzeluntersuchung erheischen. Es
ist dies die Sprache, welche den im ersten Halbakte auftretenden Engländern — Heinrich III nebst Gefolge und
Kriegsmannen — in den Mund gelegt wird, und wesentlich
darauf berechnet war, zur Erheiterung des Publikums beizu-
tragen. Es wird dabei vorausgesetzt, das denjenigen, welche
sie reden, das festländische Französisch ebenso schwer ver-
ständlich sei, als der Jargon den Franzosen; wenigstens
fordert 36[a] 12, 13, der duc d'Iort den Boten des Conte de
la Marche ziemlich barsch auf, wenn er ihn verstehen
solle, sich des *langag d'Engleterre* zu bedienen. Über diesen
langage barbare, émaillé de jurons, über Ähnliches in anderen
älteren französischen Werken, über verwandte Erscheinungen
in der englischen Litteratur von CHAUCER bis auf BEN JONSON,

---

15) 137[a] folgt auf den Schlussvers *Les tiens, veille les secourir* der
zweiten 8-Zeile eine Waise; 146[a] folgt auf die Ballade statt eines *Envoi*
ein mit ihr unverbundenes Reimpaar, dem eine damit reimende Bindezeile folgt; 234[a] geht dem Rondel eine Waise voran.
16) Es ist vernachlässigt auf Bl. 123[b] zwischen den auf *devant*
und *monseigneur* endenden Zeilen; 127[b] zwischen *voye* und *veau*; 135[a]
zwischen *gaigné* und *peau*; 140[b] oben zw. *secula* und *pere*; 245[b] zw.
general und *grefve*; und sonst in seltenen Fällen.

sowie über die Aussprache des Französischen bei den Engländern früherer Jahrhunderte verbreitet sich MICHEL, *Préface*
p. II bis IV, und *Additions* p 395—7. — Erwähnung ver-
dient der Umstand, dass der Roxburghe Club nur dieser
Jargon-Partieen halber — nicht $\frac{1}{60}$ des Ganzen — das *Jeu*
hat drucken lassen. Eine Probe teile ich im Anhang, § 66,
mit ¹ ⁷).

A. Zur Lautlehre.
Duldung und Meidung des Hiates (17—24).

**17. Zusammentreffen von Vokalen im Aus- und Anlaut benachbarter
Wörter.** *Ma, ta, sa* werden regelrecht vor vokalischem Anlaut nicht mehr verwendet; Ausnahmen, ausser häufigerem

---

17) Auch ein paar Zeilen in angeblich sarazenischer Sprache hat uns
der Dichter nicht vorenthalten; s. 134ª u. 2, 3:

Salamalet! Salamalet!
Calc malt zin jone am cam sab ly.

Der erste Vers giebt den am häufigsten wiederkehrenden Schlacht-
ruf der Sarazenen. —
Ähnliches findet sich bekanntlich schon in französischen Dramen
des 13. Jhs. So redet in der Schlussszene von Jean Bodel's *Jus de
saint Nicolai* (*Théâtre frçs. au m.-â.*, p. p. Monmerqué et Michel,
Paris 1839, p. 270ª) das Götzenbild Tergavans in Orakeltönen
folgende vier Zeilen:

Palas aron ozinomas,
Baske bano tudan donas,
Geheamel cla orlay,
Berec hé pantaras tay.

Und in Rutebuef's *Miracle de Théophile*, Zeile 160—168 (Ausg.
A. Kressner, Wolfenbüttel 1885, p. 210) beschwört Salatins den
Teufel mit der Formel:

Bagahi laca bachahé,
Lamac cahi achababé,
Karrelyos,
Lamec lamec bachalyos,
Cabahagi sabalyos,
Baryolas,
Lagozatha cabyolas,
Samahac et famyolas,
Harrahya.

Vielleicht haben diese Versuche Dante zu dem rätselhaften Aus-
spruche veranlasst, welchen er Inf. 31, 67 dem Riesen Nembrotto,
dem Urheber der babylonischen Verwirrung, in den Mund legt: Rafel
mai amech zabi almi (wonach in der ältesten frz. Übersetzung —
15. Jh. —: Rafel baiametz zabi almy bapaalmes; s. *Les plus anciennes
traductions françaises de la Divine Comédie*, p. p. C. Morel, Paris 1897,
Iere partie.)

m'amour, t'amye &c., sind: *par m'ame* 78ᵃ₂, *maugré m'ame*
82ᵃ ᵤ. ₁₅, *selon m'entente* 64ᵇ₁, *m'espée* 162ᵇ₁₀.

Sy < lat. *sic* behält sein *y* oder *i* auch vor Vokal: *Qui
a la clef, si ouvre l'uis* 151ᵇ₁₉.

Dagegen findet Elision statt bei *ne* < *non*, *ne* < *nec*,
ce, rel. *qui, que, se* < lat. *si, je, me, te, se, la,* bei dem Pronomen auch nach dem Verb: *Pourquoy n'à qui combatra-il*
65ᵇ ᵤ. ₅; *Et, pour ce, apres vous je diré* 138ᵇ₇; *qu(i)'* 28ᵇ₉,
44ᵇ ᵤ. ₉, 68ᵃ₂, 75ᵇ ᵤ. ₉ (auch 223ᵃ ᵤ. ₈ ist das *i* von *qui* zu
olidieren); *que hommage* 27ᵇ ᵤ. ₅; *s'au royaume* 1ᵇ₁₇; *seray-
je habille* 23ᵃ₄; *me humillie* 21ᵃ₂; *monstre-t'en place*48ᵇ ᵤ. ₁₇, *dictes-
l'en somme* 199ᵇ ᵤ. ₁₃, &c.   Für mehrere dieser Wörter ist
jedoch die Elision nur fakultativ; z. B. *mal në ennuy*
47ᵇ ᵤ. ₁₁, *moiz në an* 145ᵃ₁₁, *quë ont* 7ᵇ ᵤ. ₁₄, *quë il* (so zu lesen
statt *qu'il*) 29ᵇ₄, 143ᵇ₃, *quë ilz* (st. *qu'ilz*) 47ᵇ₁₁, *quë eux* (st.
qu'eux) 173ᵇ ᵤ. ₉, *jë ay* 177ᵃ₂₉. *On lä apele Marguerite* (st. M.'s
On l'a apelé...) 113ᵃ₁₉, *faictez-lë occire* (st. *l'occire*) 157ᵇ ᵤ. ₁₁, &c.

Auslautendes *e* mehrsilbiger Wörter wird beliebig elidiert
oder beibehalten: *estre à* 4ᵇ₂₂, *dirë au* 31ᵃ₁, *fac' il* 95ᵃ₂₁,
semble-il 196ᵃ₂₂, *apel' on* 20ᵇ ᵤ. ₃; *Alarme! alarme! à la
muraille!* 30ᵇ₁₉, und vier Zeilen weiter: *Alarme, | alarme, |
alarme!* —

Zusammentreffen von Vokalen im Innern
der Worte (18—24).

18. a. **e unmittelbar vor dem Tonvokal.** *Lëal* 47ᵇ₂₁, *lëaulx*
88ᵃ ᵤ. ₁₀, *lëaulté* 30ᵃ₆, *lëaument* 173ᵃ 1. V., *deslëaulx* 196ᵇ ᵤ. ₅;
daneben *lëauté* 207ᵃ₁₀ (so auch zu lesen st. *loiauté* 173ᵃ₃),
lealment 222ᵃ ᵤ. ₂₇, &c.; *deslëable* 56ᵇ₂₁, *fëal* 48ᵃ₆, *fëaulx* 173ᵃ ᵤ. ₁₂,
rëaulme 174ᵇ ᵤ. ₁₀, *sëant* 48ᵃ ᵤ. ₄; *cëanz* gewöhnlich so, doch *ceans*
62ᵇ ᵤ. ₆; *lëans* 44ᵃ₁₇, 60ᵇ ᵤ. ₁₈, u. ö., *nëant* 85ᵃ ᵤ. ₃, 152ᵇ₁₀, u. ö.,
mescrëans 212ᵇ₂ u. ö.; *mescheance* 218ᵇ₁₉, *meschant* 161ᵇ ᵤ. ₄.
dea 96ᵃ₁₈, 180ᵃ ᵤ. ₂, &c.; *veau* 85ᵃ ᵤ. ₁₃, u. ö. *Jehan* ist stets
einsilbig.

lëesse 8ᵃ₂, u. ö., (so auch 217ᵇ₁₇ st. *lesse*), *relëesse* < lat.
* *re-laetitiat* 151ᵃ₉, doch *ellesse* < * *ex-laetitiat* 128ᵇ ᵤ. ₁₀; *crëez*
14ᵃ₁₄, 145ᵃ₆, *sëez* 37ᵇ₃, 80ᵃ ᵤ. ₂₁, *vëez* 152ᵃ₁₁.

fëlsse 28ᵇ₁₆, *fëist* (so zu lesen st. *fist*) 178ᵇ ᵤ. ₆; doch

feis 100ᵃ₇, *feistes* 27ᵇ₂, *fit* 34ᵃ u. ₃, *preisse* 28ᵇ₁₇; *prissez* 15ᵃ₃.
sëoir 83ᵃ u. ₉, 233ᵃ₁₁, neben *soir* 11ᵇ₂, 80ᵇ₂, *sir* 233ᵃ₁₄. *seoye*
210ᵃ u. ₉; *vëoir* 28ᵃ l. V., 165ᵇ u. ₂₀, u. oft — *voir* 12ᵇ₅, 28ᵃ u. ₃,
&c., *vroir* 223ᵇ₁, ₃, *vëoye* 71ᵇ₁₆, 148ᵇ u. ₁₅; *pourvëoir* 12ᵇ u. ₉,
54ᵃ₇, &c. — *pourvoir* 20ᵇ₃, 163ᵇ l. V; *(choir* 101ᵃ Bühnen-An-
weisung unten); *Hebrëoz* 110ᵃ u. ₉, *Thanëos* (Stadt in Ägypten)
119ᵃ₁.

trëu < *tribntum* 175ᵃ u. ₉, *ëu* 192ᵃ u. ₁₁, *rëu* 2ᵇ u. ₂, 242ᵇ u. ₁₀,
meluz („bewegt") 219ᵇ₁₄, *scëue* 242ᵇ u. ₈, *mescrëuë* (so zu lesen
st. *mescrue*) 161ᵃ u. ₁ᵣ, *eslëuë* 23ᵃ u. ₁₇, *sëurs* 239ᵃ₃, *j'assëure*
226ᵇ u. ₁₅ — dies sind alle gesicherten Fälle von sillabischem
e vor *u*; *deusse* 214ᵇ₁₈ ist anceps, ebenso *veu* 23ᵃ u. ₅, *la veue*
242ᵇ u. ₉, *j'eu* 127ᵇ₁₃; sonst stets *trëu* 167ᵇ₆, (cf. *treuage* 240ᵃ₆),
cheu 155ᵃ u. ₁₁, *geu* 51ᵃ u. ₇, *eu* 33ᵃ u. ₁₄, *j'eu* 110ᵃ u. ₁₁, *eust*
53ᵇ₁₈, *creu* (zu *croistre*) 18ᵇ u. ₁₁, *esleu* 53ᵃ u. ₁₄, *sceu* 121ᵃ u. ₁₅,
peu 192ᵇ₁₃, *repeue* 116ᵃ₄, *pleu* (zu *plaire*) 23ᵃ u. ₆, *veu* 38ᵇ₆,
pourveu:deu 22ᵃ u. ₀, ₅, *esmu* 48ᵃ₂₀, *seur* < *securum* 30ᵃ₁₆, *vesteure*
8ᵇ u. ₁₅, etc. — Zuweilen wird unsillabisches *e* vor *u* mit diesem
zu *eu* zusammengezogen; beweisende Reime sind: *j'asseur*:
monseigneur 174ᵇ₁₆, *asseure* : *demeure* 151ᵇ₇, u ö , :*heure* 11ᵃ u. ₅,
27ᵇ₁₉; *seur* (< *securum*) : *peur* 188ᵇ u. ₁₃, 189ᵃ u. ₃, : *seur* (*soror*)
238ᵇ₃₂, u. ö ; *asseur* (so zu lesen st. M.'s *asséur*; lat. *securun*) :
monseigneur 134ᵇ₁₆; *seure* (< *securam*) : *eure* 50ᵇ₁₅, 52ᵃ₅, 237ᵇ₂₀,
: *demeure* 166ᵃ u. ₁₄, *receu* : *veu* („gelobe") 95ᵇ u. ₂₂; vielleicht auch
seur (< *securum*) : *seur* (< *super*) 42ᵃ₆ (vgl. *seure* < *supra*
: *eure* 189ᵃ₂₀, : *demeure* 195ᵇ u. ₂).

e kommt demnach vor allen Tonvokalen, am seltensten
vor *i* und *u*, noch mit eignem Silbenwort vor; häufiger jedoch
ist es unsyllabisch, wird aber in der Schreibung in der Regel
noch beibehalten, und zwar vor allen Vokalen; mit folgendem
u wird es zuweilen zum ō-Laut zusammengezogen.

b. Laute Vokale vor der Tonsilbe (19—22).

19. *äage* ist dreisilbig 10ᵃ u. ₂₄, sonst zweisilbig: 1ᵃ₈,
174ᵇ u. ₇, &c., *age* 10ᵃ u. ₂₁; *Israël* 162ᵇ₁₇; *säieote* 69ᵇ u. ₁₄,
187ᵃ u. ₁₂, *Asäyete* (< *Sagitta* = Sidon) 149ᵃ u ₈; *chäiennez*
(< *catenas*) 110ᵃ₁₁ — doch *chesnez* 111ᵃ₁₀; *päis, päiens; äyde*
166ᵇ u. ₉, 134ᵇ u. ₂, 29ᵇ u. ₁₅, neben *aide* 49ᵃ₂₂, 112ᵃ u. ₁₂,

u. ö., a͡ist 14[b] u. 10, 137[b] l. V. (wo mit M. st. *m'aist*
zu lesen ist); in *hair* „hassen‘, hat *a* getrennten Silbenwert,
wenn in der Endung betontes *i* zugrunde liegt: *hair* 103[a]6,
Part. Pl. *häys* 81[b]12, doch *je ha͡y* 81[b]20 (vgl. 3. Sg. *het* 201[b] 3,
3. Pl. *hëent* 196[a] u. 17, Fut. *ha͡yray* 81[b] 12); *haine* 91[b]4 ist anceps;
la terre de Fa͡erie 123[a]9; *aourer* stets dreisilbig; *äoutillé* 69[a] u. 14;
tra͡ison 30[a]8., u. ö., doch Adj. f. *tra͡iteuse* 242[b]15 und Subst. m.
tra͡itre 33[b]4 (das Subst. heisst häufiger *tritre* und *tristre*, dazu
Adj. f. *tristresse* 242[a]14; in letzteren beiden Formen liegt wohl
eine volkstümliche Anbildung an *triste* vor, welches sich in dem
Sinne von „jämmerlich, schändlich“ als Scheltwort grosser Beliebtheit erfreut); 2. Pl. Präs. Konj. *atra͡innez* 110[a]13.

20. *Vïande* 233[a]4, *la fiance* 29[a] u. 11, *il fiance* („verlobt“)
19[b]2, *aliance* 62[a] u. 7, *eclesïastez* 195[b] u. 15; *sapïence : scïence*
54[b] u. 6, 5, *nlent* 82[a] u. 8, *hardïesse* 114[b]6, *lïen* 155[b] u. 21, *prïère*
15[a]16, *Damïecte* häufig (nur dreimal *Damïette* 96[b]24, 124[a] u. 9,
124[b]2), *Gabrïel* 160[b] u. 13, 163[a]13 (doch *Danïel* 156[b] u. 14); *Lïon*
(Stadt) 53[a] u. 5, *lïonnaise* 75[b] u. 11, *lïons* 156[b] u. 13, *champïons*
76[a]20, u. ö., *charïot* 20[b] u. 10, u. ö. (so auch st. *chanot* 167[b]13),
auch *cherïau* geschr. 163[b]1, *Ïort* (= York) 36[a]4.

dïable, *dëable* stots zweisilbig.

Suffixe : *amïable* 247[b]5, *amïablement* 191[a] u. 9; *crucïal* 159[a] 6,
especïal 8[a]27 (doch *officïal* 215[b] 22!); *encïen* 25[b] u. 4, *chrestïens* :
terrïens 53[b] u. 20,21, *ruffïens* 81[b]1, *babilonnïen* 85[b]18, *egiptïenne* 123[b]1,
gracïer 27[a]9, *redifier* 29[b] u. 2, *abrïer* 100[a]2, *lïé* (< ligatum)
85[a] u. 15 (auffällig sind der Inf. *marïer* 20[a]3, die 2. Pl. Imperat.
merencolïés 211[b] u. 9; und das Part. *notifïé* 214[b] u. 17); *gracïeuse*,
vicyeux, *merancolyeux* 207[a] u. 9; (doch *pïeuses* 243[b] u. 9, u. ö.);
monicïon, *paccïon* („Vertrag“) 82[a] u. 4. — Dagegen: *plusieurs*,
häufig, auch 175[a] u. 11 (doch folgende Zeile: *plusïeurs*).

Stets einsilbig ist *ie* in *quatriesme* 50[b]24, *encombrier*
171[a] u. 13, *estriez* 153[b]11, *chartier* 20[b] u. 4, *Templiers* 191[a]7, *hier*
188[b]3, u. s. w.

Die Verbalendungen *-ions*, *-iez* sind einsilbig, und in
den wenigen Fällen von Zweisilbigkeit im Imperf. Ind. und
im Kondit. liegt schwerlich eine Reminiszenz an den älteren
Sprachgebrauch vor, sondern einfache Flüchtigkeit. Be-
seitigen liesse sich *arïez* 79[a] l. V., wenn man st. *voir* in

dieser Zeile das häufige *vëoir* einsetzt, ebenso *ponrrionz*
130*ª*4, wenn man zu Anfang des Verses [*Mes*]*seigneurs* liest;
doch bleiben noch mehrere nicht zu beseitigende Fälle, so
estions 206*ª*26, *avions* 11*b* u. 5, *arions* 140*b* u. 6, *pourrionz*
14*b*12, *ariez* 71*b* u. 11. *voudriez* 15*b*8 — selbstredend wohl nur
ein zufälliges Zusammentreffen mit dem nfz. Prinzip der
Silbenzählung. Bei den Konjunktiv-Endungen kommt Diärese
nicht vor.

21. *Nøël* (als Jubelruf bei der Krönung) 6*ª*21, 25; *fouët*
154*b*16, 155*ª*2; *ouailles* 135*b*21; *Löys*; *rõyne* begegnet 13*ª* u. 12,
80*ª* u. 6, 121*b*15, u. ö., doch ist *royne* schon die vorherrschende
Form. Die Affirmationspartikel lautet gewöhnlich noch *o(u)y*,
vereinzeltes *oy* findet sich 27*b* u. 14, 40*ª*4, 134*b*15, 181*ª* u. 5. In
dem Verb *o(u)ir* ist *oi* zweisilbig in den Formen, wo in der
Endung ein betontes *i* zugrunde liegt: Inf. *ouïr* 145*b* u. 5,
Part. *oï* 179*ª* u. 15, f. *öye* 39*ª* u. 11, (ebenso das Subst. *l'öye*
„Gehör" 246*b*9), 2. Sg. Perf. *oïs* 246*b* u. 8, — dagegen 1. Sg.
Präs. *oy* 246*b*23, u. oft, Konj. *oye* 145*b* u. 6, 2. Sg. Imperat. *oy*
31*b*6 und häufig, 2. Pl. *oyez* 8*b*6, u. ö. (vgl. Fut. *orront* 104*b*2,
Präs. Ind. 2. Sg. *os* 215*b*19, 3. *ot* 91*b*0, 246*ª* l. V., 3. Pl. *oyent*
104*b*4). Vgl. hierzu das Fut. *resjouyra* 174*b* u. 15, gegen Part.
esjouiz 166*b*4 und die inchoative 1. Sg. Praes. *esjouïs* 3*b*19.

22. *Penthagrüel* 110*ª* u. 19, *Ragüel* („Rahel") 24*ª*8; *fruc-
tüeuse, crüeuse; argüer* 239*ª* l. V.; *brüir* 81*ª* u. 7; mit *fuir*,
suir &c. verhält es sich wie mit *oïr: suïr* 11*ª* l. V., *poursiiy*
193*ª* u. 6, doch 3. Sg. Präs. Konj. *suye* 101*ª*13; *fuïr* 103*b*14, doch
fuiray 60*ª*14, 3. Pl. Präs. Ind. *fuient* 43*ª* l. V. Wie zu er-
warten, lautet von *destruire* das Fut *destruïrez* 128*b*11, und
von dem gelehrten *circuir circuiray* 150*b* u. 7.

23. c. **Vortoniges e nach lautem Vokal** ist schwankend behandelt. Regelrecht *liement* 23*ª* u. 12, 127*b*8; fast immer auch
vrayëment, vraiment nur 25*ª* l. V., 86*b*11, 158*ª*12 (wo so st.
vrayement zu lesen); doch *deument* (zweisilbig) 12*ª*16, 49*b* u. 3;
hardiment 11*ª*5, 86*b* u. 10, hat auch 139*ª* u. 6 (geschr. *hardiement*)
nur drei Silben; *licol* 81*ª*10, 85*ª* u. 15, 181*b* u. 9.

In dem Futurum der A-Verba mit vokalisch auslautendem
Stamm wird das *e* in der Regel unterdrückt (selbst wo es in
der Schrift noch beibehalten ist): *lironz* 111*ª*11, u. oft, *prriray*
44*ª*1, *obviray* 208*ª* u. 14, *oubliray* 57*b* u. 19, *salariray* 140*ª* u. 6,

— 19 —

expedira 16^{b}₂₁, *expediera* 57^{a}₃, u. ö., *remediray* 28^b u. 16, u. ö.,
pacifira 48^a u. 17, *edifiray* 172^{a}₁₆, *ruray* 91^{a}₁₂, *tura* 158^a l. V.,
turons 145^{a}₁₂, &c., *pura* 86^{a}₁₇, *salurez* 85^{b}₁, *saluerez* 210^b u. 10,
u. ö., *jourray* 87^a u. 16, 30^a u. 6, &c. (stets doppeltes *r*, wohl durch
Einwirkung von *vourray, demourra*); *pairez* 143^{a}₂₃, *essayerons*
151^a u. 16, *employray* 81^b u. 17, u. oft, *envoyraye* 10^{a}₁₃. Daneben
ist nur bei den Verben auf *-ayer* und *-oyer* auch die längere
Form noch üblich: *paiëra* 44^{b}₂₃, *payërons* 147^{b}₁₅, *employëray*
79^{b}₁₇.

24. d. **e unmittelbar nach dem Tonvokal** ist beliebig
syllabisch oder unsyllabisch, und zwar nicht nur in Verbalendungen, sondern auch bei Substt. und Adjj.: *issuë* 12^b u. 3,
venuë 5^{a}₄ — *la bien revenue* 9^b u. 5; *joyë* 22^b u. 14 — *voye* 21^a u. 9;
je joue 162^{a}₁; *la roe* 137^a u. 4; *eauë* 96^b u. 19, 101^b u. 19, 102^{a}₅;
abbäyë 214^{a}₂, *folyë* 27^{b}₃ — *compaignie* 22^{b}₁₃, *espies* 37^{b}₁₅, *partyez*
16^a u. 7, *viez* 75^a u. 3 ¹⁸); *lignëë* 13^b l. V. — *contrée* 19^{a}₃; daher
auch die mehrmals anzutreffende Schreibung *espé* 158^{b}₁₀, *espés*
158^a u. 14 &c.; *envoyëë* 20^{a}₂₃ — *donnée* 21^b u. 17; *je prië* 26^b u. 3
— *il prië* 16^{a}₁; 2. Sg. Imperat. *lie* (so zu lesen st. *liez*)
153^{b}₁₀; *soyë* 38^a u. 3 — *soye* 9^b u. 2; *soyës* 177^a u. 25 — *soyes*
220^a u. 17; *soyënt* 32^{b}₃, *resoyënt* 43^{a}₇ — *soyent* 1^b u. 13; *ayë* 10^{a}₁₄
— *ayes* 220^b u. 10 — *et* 167^{b}₁₃ (das *onet* der Hs. ist *C'on et* zu
lesen, nicht mit M. *C'on tiengne*) — *ayënt* 32^b u. 11; *doyë*
208^a u. 12, *oyë* 95^a u. 4, *heënt* 196^a u. 17, *:hëent* 182^{a}₁₀, *diënt* 105^b 16,
penënt 227^a u. 11 — gegen *ruent* 87^b u. 11, *oyent* 104^{b}₄, *fuient* 43^a
l. V., und *peuent* 41^{a}₁₈, 128^b u. 7 (statt *peuvent*).

Ebenso werden die Endungen *-oie -oies* &c. im Imperf.
und Kond. unterschiedslos zwei- und einsilbig gebraucht, und
wird im letzteren Falle die Schreibung beliebig variiert: 1 Sg.
souloië 247^a u. 19 — *aloye* 55^{a}₅, *sentoy* 55^{a}₂, *cuidoy* 55^{a}₉; *vourroyë*
32^a u. 12 — *aimeroye* 1^a u. 16; 2. *estoyës* 242^{b}₇; — *tenroyez*
110^a u. 14; 3. *duisoit* 142^{a}₁₆, *tummet* (: *promet*) 142^{a}₁₃; 3. Pl.
ardoyënt 110^b u. 6 — *seroyent* 12^{b}₂₀.

---

18) Nicht *viëz*, da das vorhergehende *m. mille* zu lesen ist; cf. 97^{b}₂₂,
108^a u. 3, 143^{a}₂₅, 143^b u. 12, u. s. f. Nur in Jahreszahlen ist *mil* einsilbig:
174^a u. 17 *Mil deux cent* [*et*] *cinquante-six*, ebenso 175^{a}₃₂; 198^a l. V. bessere
l'an (*de grace*) *mil deux cent soissante-six*, ebenso 200^{b}₄.

2*

25. Vortoniges e ausserhalb des Hiates zeigt gleichfalls schwankende Behandlung: neben gewöhnlichem *serment* begegnet noch *serement* 113[b] u. 2, neben *esprit* — *esperit* 8[a]15, 24[b]6, 157[a] l. V.; *joyeuseté* 105[b]1 — *mauvaistié* 156[b]10; *chartier* 20[b] u. 4, *dernier* häufig, *perseuz* 164[a]7, *bricol* 161[b] u. 2 (von *brisecol* durch die Zwischenstufe *briscol*). Neben *angles* 237[b]21, 238[a]14, &c. und häufigem *anges*, *anme* 157[a] u. 7, 158[b] u. 12 &c., *arme* 179[b]7 und *ame* kommen die alten dreisilbigen Formen nicht mehr vor. (Als Bezeichnung der redenden Person findet sich *secretain* 169[a] u.)

Das Futurum und Kond. der A-Verba mit, auf *n* oder *r* ausgehendem Stamm weist vorwiegend noch die alte Bildung auf: *douray* 140[a]23, *dorray* 31[b] u. 4, 76[b] u. 13, *menrés* 148[a]26, *menras* 50[a]3 (st. *meneras*), *merray* 20[b]16, *amerray* 10[b] u. 12, *durra* 28[b] u. 2, *endurrez* 40[a]12, u. ö., *jur[r]ez* 111[b] u. 11, *tir(e)rous* 149[a] u. 9, *demourray* 28[a] u 11, und oft, *parra* 27[a] u. 6, *comparras* 135[a]14, *declarra* 64[a]12, *obtemperray* 224[a] u. 15; doch auch *declareray* 65[a] l. V., *remunereray* 158[b] u. 6; 239[a] u 16 lies: *e[n]me[ne]ra*. — Das Fut. und Kond. von *laisser* lautet *lesras* (st. *lesroys*) 153[a]10, *lesront* 97[a] u. 4, *lesroit* 196[a] u. 2 — *lairés* 118[b] u. 19, 212[a]3, *lerray* 149[b]20, 140[b] u. 5 — und nur selten *laisseras* &c 66[a] u. 12, 227[b] u. 3, 237[a]21, l. V.; bessere *lai(sse)ray* 216[a] 6, 14, *lai(sse)riez* 216[b]10. — *Bailler* bildet sein Fut. fast ausschliesslich mit Ausstossung des *e* (nach Analogie der IR-Verba mit ähnlichem Stamme: *faillir*, *saillir*): *bauldrez* 143[a] u. 2, *baudrons* 188[b]14, *baudront* 148[a]22; doch 3. Sg. *baillera* 173[b] u. 18.

26. Andere vokalische Erscheinungen.

a) Das Fem. des Adj. *lié* < *laetum* lautet 73[a] u. 16 und sonst immer noch *lie*, das des Part. von *pris(i)er prisie* (: *hercsie*) 76[a] u. 18. Neben gewöhnliches *lignée* stellt sich einmal *lignye* (: *vie*) 15[a]7.

b) Über die Umgestaltung von afz. *eu* zu *ö* s. § 18. — In den Entsprechungen von lat. *iocum, focum locum* wird die heutige Aussprache schon als die herrschende anzunehmen sein, wofür Reime wie *lieu* : *Dieu* 6[b] u. 16, *liex* : *diex* 84[b]14, &c. sprechen. Doch auch die Aussprache *feu* = *fu* kommt vor; denn acht Zeilen nach dem Reim (*j*)*aveu* : (*le*) *feu* 104[b]17 begegnet *yssu* : *feu*, und 181[b] u. 14 *fu* (< *fuit*) : *feu*; im Versinnern lesen wir 173[b]21 *les jus*. In dem Reim (*je*) *vou* : *feu* 81[a] u. 7 ist, statt auf eine Aussprache *feu* = *fou* zu schliessen, wohl eher *vou* in *veu* zu ändern. — Dagegen begegnet neben sonst allein vorkommenden *peu* ($<$ *paucum*) einmal *pou* (: *trou*) 102^{b}7. — Auffällig ist *feble* ($<$ *flebilem*) im Reim zu *peuple* 130^a 7, 8; vgl. im Versiunern *feuble* 132^b u. 5.

c) *oi* reimt regelrecht mit *e*, *ui* mit *i*; *angoisse* : *noblesse*, 3. Sg. Imperf. *tummet* : *promet*, *luy* : *cy*; das Pronomen der 3. Person lautet häufiger *ly* als *luy*.

d) Das Ergebnis von lat. -*orem* &c., gewöhnlich -*eur* gesprochen, lautet ausnahmsweise auch -*our* : *redemptour* (: *retour*) 70^{a}18, (*le*) *demour* (: *amour*) 82^{b}3, *clamours* : *demours* (: *amours*) 138^{a}12, 15, 18, *doulours* (: *jours*) 245^{b}15.

e) Die Entsprechung von lat. -*aculum* ist neben -*ail* auch -*au* : *gouveneau* (: *beau*) 193^a u. 11. Andere, verwandte Wortausgänge werden gleichfalls schwankend behandelt: Neben *vaisseau* begegnet *vessel* (: *bel*) 135^{b}1, neben *rapel* : *pel* 158^{b}14, 16, auch: *rapeau* : *peau* 135^{a}11, *rapeau* : *cordeau*[19] 223^{a}30, *peau* : *hardeau* 231^a u. 3, 2; der Sing. *vassault* reimt zu *hault* 64^{a}14, : *vault* 117^{a}13, : *fault* 188^b u. 2. Lat. *castellum* lautet beliebig *chasteau*, *chastel* oder *chasté* 230^{a}9.

f) Neben häufiges *compaingnie* stellt sich in gleicher Bedeutung *compaigne* (: *aviengne*) 67^b u. 3; im Sinne von nfz. *l'infamie* erscheint *le diffame* (: *dame*) 109^{b}5, 136^{a}1, 210^a l. V. *Dominium* ergiebt (neben *demaine*) noch *demain* (: *la main*) 24^b u. 11; ähnlich *le capitain* 119$_3$ neben gewöhnlichem *capitaine*, — doch umgekehrt *le chevetaine* 109^{b}11 neben sonst üblichem *chevetain*.

g) Ein Fall von Vokalverdumpfung liegt vor in dem häufigen *maronnier*, neben seltenem *marinier*; ähnlich in *recarche* (: *Marche*) 33^{b}16, *charche* (: *Marche*) 27^b u. 17, und in *flatri* 179^{a}10, während das *a* in *guaris* 53^b u. 5, u. ö., neben *gueri* dem ursprünglichen Lautbestande entspricht.

h) Die entgegengesetzte Erscheinung zeigt sich in dem, auch sonst in der Sprache jener Zeit vielfach auftretenden *e* statt gedecktem *a*; häufig begegnet in unserm Mister der Reim *Naverre* : *terre* oder: *guerre*, *arme* : *terme*, wo also *arme* wohl *erme* zu sprechen ist, *ferme* : *alarme* 120^{a}9, 10, *apart* : *boulevert* 105^{a}18, 19, *boulevert* : *vert* 30^{b}11, *entechez* 8^a u. 13; neben *garny* tritt *deguerny* 51^{a}3, beliebig wird *larme* oder *lerme*, *guisarme* oder *guiserme* im Reim verwendet; selbst in offener Silbe reimt *a* gelegentlich mit *e*: *infame* : *blasfeme* 177^b u. 16, 15.

---

19) Statt *et estranglé*, das fälschlich von der zweiten vorangehenden Zeile wiederholt ist, lese ich: *ou d'un cordeau*.

infinale : naturelle 113^b u. 8, 7. — Neben gew. *conseiller* steht einmal *consille* (: *refocille*) 247^{b}3.

i) In der Schreibung treten gleichlautende Vokale und Diphthouge häufig für einander ein; so steht *les* für *laids*, *raisonne* 87^{b}8 für *résonne*, *faistié* 97^{b}10 für *festié*, &c.

Konsonantismus.

27. Verstummen der Konsonanten. Verstummtes *s wird* noch regelmässig geschrieben: *aulmosnes : personnes* 180^a u. 11, 10, *admoneste : haicte* 85^{a}11, *Pasque : Jaque* 110^d u. 11, *arcevesques*: *avecques* 64^b u. 5, *preste : Danniecte* 124^a u. 16; vielleicht wurde *s* in *hoste* (< *hostia*) (: *pelote*) 111^{a}11 und *ost* (< *hostem*) (: *mot*) 120^b u. 2 noch gesprochen, in welchem Falle hier Assonanzen vorliegen würden.

Zahlreiche Wörter weisen, in regelrechter Entwickelung von der alten Sprache her, Verstummung von Konsonanten auf, welche in späterer Zeit wieder rückgängig gemacht worden ist: *fief* (: *notifié*) 214^b u. 16, *mortelz* (: *despités*) 81^b u. 18, *nulz* (: *Nillus*) 119^{a}3 und (: *dus* < *duces*) 149^{b}16, sowie andere Plurale als *vis*, *massis*, *chés*, *hostez* &c. Hierher gehört auch *Egipte* (: *viste*) 98^{a}3, während in *Cypre* : *maudire* 99^{a}13 wohl eher ein Fall von Assonanz anzunehmen ist.

Verklingendes *r* begegnet in *garde* (: *estrade*) 119^{a}10, *avc* (: *trac*) 109^{a}2, *Carme* (: *ame*) 168^b u. 2, *perversse* (: *rudesse*) 244^a u. 18, *diversse* (: *noblesse*) 244^a u. 11, &c., (*je*) *pale* (: *totale*) 66^a u. 18, (: *royale*) 221^b u. 20.

Auslautendes *r* wird sicher regelrecht noch gesprochen, weshalb von normandischen Reimen (*chercher : cher*) noch nicht die Rede sein kann.

28. Einige **andere konsonantische Erscheinungen** bleiben noch zu erwähnen:

a) Die Nasalierung von intervokalischem *n* ist noch gang und gäbe; in der Schreibung wird sie häufig durch ein eingeschobenes *g* angedeutet: *ugne, je regny, pugnis, pugnicion, preingnent*, &c.

b) In der Schreibung sind wirkliche und vermeintliche etymologische Konsonanten vielfach eingeführt: *nopces, sepmainne, sçavoir, lectiere, souffrecte* u. s. w.; ganz irrig: *crisme* 1^{b}6, *resgne* 8^{a}16, u. ö., *resne* 205^{b}24, *chesne* (< *catena*) 94^{a}11, *sompne, solempnel, condempner, mecte, vefve* &c.

c) Für Verdoppelung von Konsonanten zeigt der Schreiber eine grosse Vorliebe: *faulrray, venrray, Nillus, fille* (statt *file*):

inutille 117[a] u. 6, 5, *stille* (< *stylum*) 122[b] u. 2, *nobille* oft, *millieu* 151[b]10, *parolle* : *ydolle* 152[b]10, u. s. f.

d) Vor Schluss dieses Abschnittes haben wir noch einer seltsamen Heiligen zu gedenken, nämlich der *sainte Avoye*, 124[a]1, 172[b]8. Diese ist entstanden durch Apokope des, für den Artikel gehaltenen anlautenden *l*: *Ludovica* — *Loëvoye* — *Lavoye* — *l'Avoye*. Mit dieser Auslegung stimmt auch der Umstand überein, dass *sainte Avoye* als die besondere Schutzheilige König Ludwigs erscheint.

29. Einige Fälle von **Suffixvertauschung** seien gleich hier noch vermerkt. An Stelle von -*al* steht -*able* in *desleable* 56[b] u. 20, *finablement* 236[b] u. 18; *eux*- wird verdrängt durch -*ien* in *victorien* (: [a]) 129[a] u. 2 (vgl. 6 Zeilen weiter *victorieux dieux*). Der Name *Jupiter* erscheint auch in der Form *Jupin* wohl durch Entlehnung des Suffixes von dem häufigen *Apolin*

B. Zur Formenlehre.

Nominalflexion (30—34).

30. Substantiv. — Spuren der alten Nominalflexion begegnen ziemlich zahlreich: *hom* (: *Mahon*) als casus rectus 97[a]13, 128[a]28, 141[b] u. 3, im Versinnern 129[a] u. 6 (wo M.'s Änderung in *homme* unnötig), 222[a] u. 13, *homs* 174[b] u. 6, daneben als Obliquus *preudons* 180[a] u. 12; *enfes* als Vokativ 235[b]3 und 236[a]14; *compains* als Rectus 246[b] u. 11. Nur als Nomin. begegnet *emperiere* (: *magniere*) 83[b]7, 123[a]12, *emperier* (: *droiturier*) 99[b] l. V., wogegen *empereur* beide Kasusfunktionen vertritt (als Nom. z. B. 53[a]25). *Sire* und *seigneur* sind beide sowohl Nom. als Akk. Neben *larron* als Vokativ Sg. 87[b]7, *larrons* als Akk. Pl. 80[b] u. 11, 156[a]20, steht *ladre* als Akk. Sg. 50[b] u. 10, *ladres* Akk. Pl. 179[b] u. 19; auch der Vok. *lierrez* 101[a]15 ist wohl *leirres* (< *latros* + *s*) zu lesen. In *Lazaron* 50[b] u. 14, *Judeos*, *Hebreoz* 110[a] u. 9 sehe ich die, durch das Kirchenlatein in die Volkssprache übergegangenen lat. Akkusative *Lazarum*, *Judaeos*, *Hebraeos*. — Ein Akk. *fil* (< *filium*) findet sich im Versinnern 113[a]4. Formen wie *luy-mesmez* 45[b]11, *entrez est* 171[a] u. 10, ähnlich 62[a]12, *alons trestout* 45[b]23, &c. sind wohl Reflexe altor Schreibgewohnheiten, während die Nominative Sg. *gueris* (: *Paris*) 48[b]7, *contens* (: *temps*) 62[a]15, *esmus* (: *laudamus*(105[b]22, *Dieux* (: *mieulx*) 137[b] l. V., der Vok. Sg. *perez*[20])

---

20) Falls diese Zeile nicht st. *Vray Dieu, de nous enclen perez*, zu lesen ist: *V. D. de nos enclens perezt*

(: *prierez*) 25^b u. 4, die Akk. *fait* (< *fascem*) (:*plait*) 2^b u. 7,
riens (:*payens*) 7^b u. 8, *vins* (< *viginti* + *s*) (: *sarrasins*) 104^b 14
durch ¡das, häufig die Schreibung beeinflussende Bedürfnis
hervorgerufen sind, den Reim auch für das Auge zum Ausdruck zu bringen, sowie der Nom. *profes* 141^a u. 12 (gegen
gew. *profette*) durch die Forderung der Achtsilbenzahl bedingt ist.

31. Der alte **präpositionslose Possessiv** ist vielfach vertreten:
la baniere Saint Denis 96^a u. 5, *les vassaulx feu mon pere*
115^a u. 10, *la terre Prebstre Jehan* 114 22, *la vie Saint Loys*
106^b 16, u. dgl. m. — und häufig in formelhaften und biblischen
Ausdrücken. wie *le Cantique Salomon* 150^b u. 13, *les prisons
Pharaon* 151^a 15, *le Filz Marie* 147^a 13, *la grace — la garde —
l' onneur — le non — la mercy — le sanc — l'image Dieu;*
ähnlich *la loy Mahommet* (auch: *les servans M.* 228^b 12). —
Vom afz. Possessiv mit *à* finde ich nur zwei Beispiele: *El
n'est pas ... fille à roy* 12^b 1. V., *denier à Dieu* 218^a u. 11.
Selbst der klassische *filz à putain* hat sich die Modernisierung
zum *filz de p.* gefallen lassen müssen, erfreut sich sonst
aber auch in der neuen Gestalt noch der alten Beliebtheit.

— Präpositionsloser Dativ: *La mercy nos dieux!* („Dank
unsern Göttern") 140^b 13.

32. Adjektiv. — Beim Adj. besteht neben der alten
Femininbildung auch die sekundäre; doch überwiegt erstere
noch quantitativ, ausser bei denen auf -*al*.

grant (*grans ordinacions* 174^b u. 14), *grande, grandement*
24^b u. 15; *gref*(*z flames* 141^b 27), *griefment* 177^b 25, *grefve* 211^b u. 7;
brefment 146^a 13, u. ö., *brefve* 2^a 20; *forment* 235^a 17, *forte* 49^b 16,
u. ö.; *vaillant* 49^b 1, *vaillanment* 42^b 6, u. ö ; *pesant* 143^a u. 9,
plaisant 166^a 2, *luysant* 176^b 22, *indefaillant* 54^b u. 5; *paciemment*
140^b 6, *consequamment* 112^b 5; *prudente* 14^a u. 19, *gentement* 61^b u. 2;
papal 55^b 18; *principalment* 220^b 11, *lealment, leaument*, oft; *totale*
66^a u. 19, u. ö., *reale* 116^a 13, *royale* 48^b u. 11, u. ö., *liberalement*
96^b 1; *virilement* 65^b u. 12; *celestielle* 159^a u. 4, *mortelle* 54^b 14, *felle*
ib. u. ö.; *hardiment, deument, &c.*

33. Bei den **Komparativen auf -eur** (*greigneur, meilleur*)
ist das sekundäre Feminin noch unbekannt. Zwar steht
221^b 7 ein *meilleure* zu lesen; doch dürfte dieses gegenüber
der Wucht aller der reimgesicherten Fälle von weibl. *meilleur*
nicht zu halten, und die nötige achte Silbe eher durch Ergänzung der Negation zu beschaffen sein, also: *Je n'y voy
[point] meilleur(e) façon.* Auch Vers 134^a 9 ist wohl nicht durch

Anhängung eines *e* an *meilleur* zu ergänzen, sondern durch Voranstellung eines Einsilbners wie *onc* oder *point*. Ein substantiviertes *meilleure* („Oberhand") begegnet 100[b] u: 17. doch ist selbst hier das -*e* wegen folgenden vokalischen Anlautes nicht gesichert (hier könnte jedoch ein lat. Neutr. Pl. *meliora* zugrunde liegen).

34. Pronomen. —

a) Personale. — Die 3. Sg. f. lautet beliebig *el* (so auch zu berichtigen 15[b]5, 66[b] u. 8, 128[b]15, 210[a] u. 10) oder *elle*; die 3. Pl. m. wird *il* und häufiger *ilz* geschrieben. Der Akk. *le* kann noch proklitisch mit *de* zusammenwachsen: *Du faire seray bien joyeux* 61[a]19. Der Dativ der 3. Sg. ist häufiger *ly* als *luy*. Der betonte Nomin. der 1. Sg. ist neben *moy* auch *je* 149[a]6, 152[a]14, 212[b]19. Ganz selten begegnet st. *moy* noch *my*, so (: *demy*) 220[a] u. 19, und (: *amy*) 137[b]16, wo M. st. *par my* irrig *parmy* setzt. — Über Elision s. § 17.

b) Possessivum. — Das Fem. vor vokalischem Anlaut ist *mon*, *ton*, *son*; Ausnahmen s. § 17. *Seue* begegnet in der 3. Sg.: *la seue office* 173[a]5, und in der 1., 2. Pl. *no* 174[a] u 19, *vo(stre)* 80[b]3.

c) Demonstrativum &c. — *Ce*, *cely*, *celle*, *cestuy* (so auch 160[b]2 st.: *cestuy-cy* zu lesen; doch 153[a] l. V. *ceulz* [-*cy*]) sind sowohl Adj. als Pronomen, Casus rectus als obliquus; *cil* begegnet als determinierender Nomin. vor dem Relativum 47[a] u. 7 (211[a] u. 11 bessere: [*cil*] *qui*). — Elision s. § 17.

Der Artikel *le*, *les* geht fakultativ mit *en* die Verbindung *on*, *ez* ein.

tel (auch *itel* 62[b]14, 142[b] u. 19) und *quel* haben sowohl das alte, als das sekundäre Feminin (244[a]27 b.: *quel*[*le*]); der Pl. lautet einmal *tiex* (: *miex*) 53[b]0. *Autel* (*ali(u)d tale*, „so") begegnet 181[a]15.

d) Der Nomin. des Relativums lautet neben *qui* auch *que* (44[b] u. 15. u. ö.). — Modernes *ce que* und altes *que* in der gleichen Bedeutung stehen völlig gleichberechtigt neben einander; hier nur für letzteres ein paar Beispiele: *Si feras que saige* 181[b]26: *Vous dictes que bonne personne* 212[b] u. 12; *Escoutés que je vous diré* 7[a] u. 8.

e) Zu dem Indefinitum *nul* kommt neben gewöhnlichem *nulle* das f. *nul* vor 112[a] u. 12, wohl beeinflusst durch die häufigen Feminina *el*, *tel*, *quel*; 220[b] u. 10 ist *nul*[*le*] zu bessern. — Das Indefinitum *ugnez* „einige" (neben *aulcunez* und *quelques*) findet sich 40[a]20: *ugnes vigillez de mors*.

Verbalflexion (35—43).

35. Infinitiv. Manche Verba der lat. 3. Konjug. treten, je nach dem Bedürfnis des Reimes oder der Silbenzahl, in der organischen Form des Inf. oder in der sekundären auf *-ir* auf: *mourre* 103[b]$_{14}$ neben *mourir*; *courre* 103[b]$_1$, 114[b] u. 12 neben häufigem *courir*; *secourre* 118[a] u. 14, 118[b] u. 4 — *secourir*; (doch *escourre*[21] 153[a]$_{19}$ und *rescourre* 136[b]$_2$ — dazu Part. *rescous* 147[a]$_2$ — nur in dieser Form); *querre* 28[b] u. 15, 79[a] u. 10 — *querir* (so auch 158[b]$_9$ st. *querre*, im Reim zu *courir*), ebenso die ¡Komposita, welche teils auch noch frequentative Ableitung aufweisen: *requerre* 18[a]$_{11}$ — *requerir* 18[a]$_1$, *aquerre* 99[a]$_2$ — *aquerir* 8[b]$_4$ — *aquesterez* 67[b]$_4$, *conquerre* 100[b] u. 3 — *conquester* 78[b]$_{16}$, *enquestera* 38[a] u. 7. Lat. **sequere* erscheint als *suir* (oft; cf. *aconsuir* 27[b]$_{17}$, u. ö., *poursuir* und *ensuir* 196[a] u. 3, 2, *poursuir* 42[a] u. 5, dazu Part. *poursüy* (: *aujourd'uy*) 193[a] u. 6) — *suivre* und *suivir* 150[a]$_{21}$, 206[b] u. 5; *fugere* als *fuir* 27[b]$_{18}$ und *fuire* (: *navire*) 125[b] u. 5; *occire* wirft 34[a]$_{17}$ das *e* ab.

Zu dem in der älteren Sprache häufigen *renvoisier* (< **re-invitiare*) ist eine Nebenform *renvoisir* anzunehmen; belegt findet sich bei GODEFROY *renvoisi* in adjektivischer Bedeutung; als rein verbales Partizip begegnet es in unserem Mister 219[b]$_{15}$ (s. § 69[a]).

Lat. 2. Konjug.: *manoir* 96[b]$_{16}$, *mover* 236[b]$_{23}$, *comparer* 62[a] u. 3, 202[b]$_7$; *ardre* 81[a] u. 7 (dazu Part *ars* 123[b]$_4$, 182[a] u. 13, u. a. Tempora). — Über *sedere*, *videre*, &c., s. § 18.

Ystre (: *tristre*) 230[a]$_{29}$ repräsentiert einen Übertritt aus der IR - Konjug. in die Stamm-Konjug. (dazu 1. 3. Sg. Präs. Konj. *ysse* 73[b]$_{11}$, 243[a]$_{24}$, Part. *yssu*).

Von einigen Verben der 1. Konjug. (*courcer* — *courroucer*, *arter* — *arrester*, *disner* — *desjuner*) begegnen der Inf. und mehrere Tempora in Parallelformen, von denen die einen auf die alte lautgesetzliche Form des Inf., die anderen durch Analogie auf den Typus der stammbetonten Präsenspersonen zurückgehen. Von *ad-orare* bestehen die volkstümliche und die gelehrte Ableitung *aourer* — *adorer*, beide mit gleicher Silbenzahl. Neben gewöhnlichem *guerroyer*, *avoyer*, *octroyer* &c. kommen noch die Formen *guerrye*, *ottrye*, *festye*, *lermye*, *ravye* vor, sobald dies den Reim erleichtert.

---

21) Von lat. *excutere*; vgl. *escouez* 152[b]$_{31}$; zu bessern ist 153[b]$_{16}$ Part. *escous* (st. *secous*), 153[a] u. 13 *escouez* (st. *secouez*), 155[b]$_6$ *escourre* (st. *sec.*), 156[a] u. 12 Fut. *escourrons* (st. *estourons*); auch statt des unerklärlichen *haisseré* 156[a]$_6$ schlage ich *escourré* vor.

Von dem Subst. *martyr*, bezw. dessen scheinbarem Stamme *mart-*, sind die Inff *martir-er* („martern") 155[b] 1. V. und *mart-ir* (*soy m.* „sich quälen") (: *tenir*) 244[b]$_1$ abgeleitet. **36. Futurum.** — Vgl. §§ 23, 25. Die in anderen Denkmälern dieser Epoche häufige sekundäre Erweiterung der Futurformen der Stamm- und E-Konjug. ist sehr schwach vertreten (bei der I-Konjug gar nicht): *mouverez* 63[a]$_{14}$, *deveriés* 202[b] 1. V., *debveront* 148[b]$_5$, *buverés* 56[a]$_{20}$, *buvrons* 210[b]$_{13}$ (neben *buray* 179[a]$_{12}$, 199[a]$_{11}$), und *fenderoit*, welches ich statt *genteroit* 109[a]$_{10}$ lese.

Älteres Sprachgut ist noch vielfach anzutreffen (*orray*, *cherra*, *sauldra* — so zu lesen st. *souldra* 94[b] 1. V. und 115[a] u. 8 — *saurroyent* von *saillir*, *baudrous*; *offreroye*, *souffrerons*, &c.).

37. Präsens der A-Konjugation. Charakteristisch ist auch hier wieder die grosse, aus dem Nebeneinander der alten, organischen und der jüngeren, analogischen Bildungen sich ergebende Freiheit der Sprache, welche das Vers- und Reimschmieden zu einer armseligen mechanischen Fertigkeit herabdrückt.

In der 1. Sg. finden unterschiedslos die Fermen ohne und mit sekundärem *e* Verwendung: *lo* — *loe*, *affy* — *affye*, *pri-e*, *certify-e*, *gracy*, *veu* (so auch st. *vou* 81[a] u. 6, reimt zu *feu*) — *veuë* 246[a]$_2$, *aveu* 104[b]$_{16}$, daneben *roue* 67[b] u. 11, *jeue* 186[b] u. 10; *don* 141[b] 1. V. — *donne*, *habandon* (: *bon*) 41[a]$_7$, *ordon* 43[b] u. 9 — *ordonne*, *commant* — *commande*, *acord-e*, *present-e*, *cuit* 143[a]$_{19}$, *apareil* 142[b] u. 16, *conseil* (: *le conseil*) 1[a] 1. V., *lais* 89[a]$_{13}$ (so auch st. *laisse* 112[a] u. 8 zu lesen) — *laisse*, *dout* 83[b]$_{11}$, 124[b] u. 11 — *doubte*, *semon*[22] (: *creacion*) 115[a]$_{12}$, *espou* 24[b]$_4$, wo der Schreiber das *s* fortgelassen; bei einigen Verben mit konsonantisch ausgehendem Stamm kommt die alte Form, wohl zufällig, nicht mehr vor: *dessire* (= *déchire*) 154[b]$_9$, *jure* 31[b] u. 0, *propose*, *advise*, *exempte*.

Um des lieben Reimes willen lässt der Verf. die 1. Sg. bisweilen auf *s* (*z*) ausgehen: *loz* (: *Thaneos*) 118[b] 1. V., (: *encloz*) 135[b]$_{26}$ und (: *mateloz*) 168[a]$_9$, *aveux* (: *tu veulz*) 157[a] u. 17, *dous* (: *benedictions*) 236[b] u 6, *recommans* (: *frans*)40[b]$_{13}$, *presens* (: *consens*) 15[b] u. 11, *acordz* (: *corps*) 77[b] u. 3 und (: *mors*) 43[b]$_1$, — und sogar in der 3. Sg. Aphärese des *e* eintreten: *regent* (: *gent*) 100[a]$_{19}$, *recommand* 115[b] 1. V.

---

22) Der Vers ist st: *Que tu le prie et le sermon* zu lesen: *Que je le prie et le semon.*

Die alte, durch den ursprünglichen Akzentwechsel bedingte Stammabstufung wird nur noch fakultativ beobachtet: *regny* neben *renoy* (: *ennoy*) 141^b u. 6, *espoir* — *espere, treuve* — *trouve,* Konj. 3. *espreuve* 10^b u. 10, 61^n u. 14, *euvre* (< *operet*) 177^b u. 5, *declere* (: *pere*) 113^{a}9, u. ö., *griefve* 156^{b}18 — *grefve* 195^b u. 7, *lieve* — *leve*. — Von den Verben mit wechselnder Silbenzahl des Stammes geht nur noch eines nach dem alten Schema: *il menjue* (st. *mengut*) 24^b zweite B.-A., *ils mengussent* (sic) 184^b u. 5 und 211^b B.-A., doch *vous mengez* 185^{a}1, &c.

38. Auch vom **Konjunktiv** gilt das über die alten und sekundären Formen Gesagte: 3. Sg. *ottroit* 38^a u. 2 — *ottroye* 140^a l. V., *envoyt* — *envoye, convoit* 76^{b}13, *essil* 237^{b}11, *emport* 86^{b}9, *demeur-e, command-e, maint* („führe") 199^a u. 5, *ramaint* 46^b u. 13 — *mainne, aïst* 14^b u. 10 — *aïde* 29^b u. 15, *gard* — *garde* 29^{b}4, *doint* (so auch zu lesen 26^a u. 10 st. *doit*) — doch nur *gardonne* 161^{a}17, *pardonne* 76^{b}12, *resjoyë* 148^{a}22, *saut* (< *salvet*). — In den ersten Personen (Ind. und Konj.) auf-*ons* und-*ions* ist das auslautende *s* durchaus fakultativ. Im Präs. und Imperf. Konj. ist die gewöhnliche Endung noch 1. Pl. -*on(s)* (nicht -*ion(s)*), 2. Pl. -*ez*.

39. Im **Präsens der E-, I- und Stamm-Konjug.** überwiegen gleichfalls noch die alten Bildungen: *voy* (< *video*), *croy, doy, cognoy, aperçois, sçay, esmeu* 47^a u. 15, *veil, dueil, fail, sail, hay, oy, vien, tien, dor* 134^b u. 15, *pren, pronet, atain, crain(g), (re)quier, dy* (dazu 3. Pl. *dïent), duy, suy*; nur die Entsprechung von lat. *vado* lautet zur Unterscheidung von *voy* (< *video*) meist *vois* (doch auch *vado* < *voy* (: *moy*) 183^b u. 16 und (: *roy*) 204^b u. 18). Recht häufig begegnen aber schon die Formen mit sekundärem *s*: *rois* (*video* + *s*), *reulx, vaulx, faux* (von *faillir), serfz* 147^{b}1, *seus* 146^{a}2 (dazu 3. Sg. *seut*, Imperf. *souloië, souliez), assaulx, plainz, metz, sens, vis* (*vivo* + *s*), *bas, suis,* &c. — Von **roleo* begegnen noch die Ableitungen *veu* (: *peu*) 50^{a}12, 152^b u. 9, *vaulx* (: *housseaulx*) 117^a u. 10:

Alter Stammwechsel, bezw. Diphthongierung tritt zutage in 1. Sg. *muir* 28^{a}3, 51^{a}6 &c. (so auch st. *mur* 219^b u. 6) (dazu 1. Sg. Konj. *muire* 31^b u. 20), *seuffre* 247^{a}15, 3. Pl. *seuffrent* 162^a u. 9, 3. Sg. *queurt* 195^b u. 2 (vgl. Konj. 3. Sg. *sequeure* (: *heure*) 145^a u. 8), 3. Pl. *queurent* 32^a u. 2, 3. Sg. *pert* (< *paret*) (: *Robert*) 124^b l. V., *apert* 146^{a}27 (vgl. Konj. 3. Sg *pere, apere* 121^a u. 9), *affiert* 209^b u. 13, 3. Pl. *scevent* 18^{a}7, vgl. die Konjj. 3. Sg. *euvre* („öffne"?) 195^a u. 8, 1. Sg. *saiche* 207^{b}19, 2. Pl. *saichés* 207^{a}1, 218^a u. 5, *fiere* (< *feriat*) 58^{b}16. — Falsche

Schreibung ist *vous requierez* 27^{b}₁ (dagegen richtig *nous querons* 134^b u. 11); umgekehrt ist *requerent* 162^b u. 23 in *requierent* zu ändern.

Eine wegen Proklise verkürzte 2. Sg. ist *vez(-en-cy)* (= nfz. *en voici*) 31ª₁₇, *ve(lescy)* (= *les voici*), u. s. w.

40. Konjunktiv (der II—IV Konjug.): 1., 3. Sg. *die* (: *abāye*) 3ª₇, (: *villenye*) 84ª₁₂, (: *maladie*) 85ª₁₈, &c. — *dise* (: *Esglise*) 65^{b}₂, 2ª u. 10, 2. Pl. *diez* 147ª u. 22, &c.; *aye, aies, ait* 91^{b}₁₀, *soye, soyes* &c., *doye; conduye* (: *pluye*) 29ª₁, u. ö. — *produise* (?) 76^b u. 5; *pui(s)t* (so auch st. *puisse* 182ª u. 15), *tolle* 30^b; *voise — voist, desplaise — desplaist* (so auch 103^{b}₁₅ st. *desplaise*; reimt : *prest*). Nach Analogie der A-Konjug. (*ottroit*) ist gebildet 3. Sg. *retrait* 234^b u. 11; so wird auch MICHEL's Konjektur *remaint* (< *remaneat*) (: *saint*) 197ª₆ zulässig sein. In der 3. Sg. *escrise* 146^b l V., wie in dem häufigen Imperativ *escripsez* 173ª u. 16 &c., liegt Anbildung an *suffise* &c. vor.

Ein Fall inchoativer Neubildung ist *meschesce* (<* *minuscadescat*) (: *piece*) 144^b u. 3 (Im Indik. nur *chet* 44^{b}₁₃, u. ö., *renchet* (< *re-in-cádit*) (: *scet*) 53^{b}₁₃, *chëent* 182ª₁₀).

41. Imperativ 2. Sg: *garde, aide, baille; ay* 40ª u. 2, *requier, vien, croy, cognoy, va, dy, retray* 197ª₁₀, *ren — rens, reprens*; von *faillir* : *fail* 98^{b}₁₂, *faulz* (: *vaulz*) 160^{b}₂₄, *deffaulx* 124ª₁₃. — Oft dient die 2. Sg. Präs. Konj. als Imperativ: *difames, arrestes, confortes, mainnez, ayes* 238ª₃₄, und stets *soyes, veillez* (*veulles*). Die 2. Pl. *cloyez* 51^b u. 7 und *esmoyez* (?) 136ª u. 11 sind wohl durch das häufige *oyez* und *soyez* beeinflusst.

42. Perfectum und Partizipium. 1. Sg. Perf. *dormy* (: *amy*) 51^b u. 6, *fu* (: *feu*) 181^b u. 15, *vy* — neben *vis* (: *advis*) 2ª₁₁, 2 Sg. *nasquis* 162^{b}₁₃ &c. 3. Sg. *vesquist* 141^{b}₈, *falut* ("starb") (: *salut*) 136^b u. 11; in den 3. Sg. *souffry: fery* 182^b u. 7, 8 hat der Schreiber das auslautende *t* vernachlässigt.

Konjunktiv. 3. Sg. *souffisist* 112ª₁₇, *falit* ("fehlte") (: *voulist*) 117ª₂; *falit* ("wäre nötig") 62ª₇. — Einige Male nehmen Verba der A-Konjug. in der 1., 2. Pl. die Endungen der I-Konjug. an: *mandissons* 48^{b}₉, *desemparissonz* 95^{b}₁₁, *advisissons* 194ª₂₁, *escoutissons* 206ª₂₇, *alissez* : *confortissiez* 165^b 17, 18.

Part. : *faly* ("gefehlt") (: *ly*) 86ª, u. ö., *feru* 162^{b}₈, *tolut* 239ª u. 9; *estains* m. pl. (: *hautains*) 234^{b}₂₇ neben *estendu* (so zu lesen st. *estendre* 101^{b}₉, wo M.'s Zusatz [*cy*] zu streichen ist); *eslis* (: *lis*) 22^{b}₉ u. ö, f. *eslite* (: *Marguerite*) 19^{b}₇, pl. *eslites* (: *dictes*) 173ª₁₈ neben *esleu* 53ª u. 14, f. *eslëuë* (: *bienvenuë*)

23ᵃ ᵤ. ₇; *benoit* (: *cognoit*) 238ᵇ₂₀, f. *benoite* 169ᵇ₄; *rout* (< *ruptum*)
(: *bout*) 155ᵃ₂, *desroux* (< *dis-ruptus*) (: *doulx*) 71ᵇ₁₄, f. *desroute*
206ᵃ ᵤ. ₉; *point* 39ᵃ₁₃, *prins* 232ᵃ ᵤ. ₄, 239ᵇ₄. — Frequentative
Bildung: *deffensée* (: *exaussée*) 66ᵇ₁₃.

43. Perfecta der al-Klasse.
a) Typus habui: 1. Sg. *eu* (: *beu*) 110ᵃ ᵤ. ₁₁, u. ö. —
b) Typus volui: 3. Sg. *volt* 205ᵇ₅, *voult* 168ᵃ₅, *vot* 64ᵃ₄,
und sogar eine 2. Sg. *vos* 168ʰ₁₉. Schwache Bildungen vom
Inf.-Stamm: 2. Pl. *volustes* 237ᵇ ᵤ. ₆, auch 3. Sg. *voulut* (: *fust*)
50ᵇ₃, 237ᵇ₁₃, und alle Konjunktivformen: 1. Sg. *voulisse* 195ᵇ₈,
3. *voulist* 117ᵃ₁, 3. Pl. *voulissent* 193ᵇ ᵤ. ₂.
c) Typus tenui, *venui: 3. Sg. *vint* 59ᵃ ᵤ. ₆, 2. Pl. *vintez*
7ᵃ₂₁, Konj. 3. Pl. *vinssent* (so zu lesen st. *vinste*) 230ᵃ ᵤ. ₆. —
Schwache Formen: 2. Pl. Ind. *venitez* 7ᵃ₁₆; 1. Pl. Konj.
venissonz 95ᵇ₁₂, 3. Pl. *tenissent* 196ᵇ l. V.
d) Typus valui: 3. Sg. Konj. *valit* 98ᵃ ᵤ. ₄, woneben die
alte Form 2. Sg. *vausist* 179ᵇ₂₄ auffällig ist. (Beide stehen
im Versinnern).
NB. In der 3. Sg. Konj. ist das längst verstummte *s*
auch in der Schreibung oft ausgefallen.

II. Abschnitt: Versbau.

A. Silbenzählung.

44. Eine beträchtliche Anzahl von Versen des Misters
weist in dem überlieferten Text Verstösse gegen das Metrum
auf, von denen die grosse Mehrzahl jedoch nur in Auslassung einsilbiger Wörter und sonstigen kleineren Versehen
des Kopisten besteht. Bevor ich die Korrektur dieser
Flüchtigkeiten (§ 49) gebe, hebe ich einige andere Fälle von
Verstössen heraus.

45. Versfragmente. Von einzelnen Versen bietet die Hs.
nur die Anfangsworte oder das Reimwort; zu diesen Versen
schlage ich (zumeist nach MICHEL) folgende Ergänzungen vor:

45ᵇ₇ S'à vous ne tient [et s'il vous haicte] (: faicte). ⎫
122ᵃ₃ Affin que se [de leurs ententes] (: tentes) ⎪
122ᵃ₆ A leur[s desseins pernicieulx] (: veulx) ⎬ M.
123ᵃ₂ Chascun vous suivra [de cuers fermes] (: armes) ⎪
  ₆ Se mestier [il vous en] estoit (: faloit). ⎭
147ᵃ ᵤ. ₁₇ [Ostez cela de ce] chapitre (: registre). ⎫ M.
197ᵃ₆ Qu'il viengne à nous [et ne remaint] (: saint). ⎭
233ᵇ₄ Ou je mourray [à male honte] (: compte).
Aus den beiden Fragmenten 232ᵇ ᵤ. ₈, ₇ weiss ich nicht
recht etwas zu machen, zumal der Reim einem hier nicht zu

Hülfe kommt (da diese beiden Zeilen ein Reimpaar zu
bilden hätten). -- Die angefangene Zeile *Helas!* &c. 126^{b}₁₆
ist zu streichen.

Auch drei, in sich vollständige, doch der Silbenzahl nach
zu kurze Zeilen finden sich im nichtstrophischen Text:
138^b ᵤ. ₁₇ — reimloser Ausruf von 4 Silben; 144ᵃ₁₀ — Dreisilbner; 166^{b}₁₂ — reimloser Dreisilbner; diese stammen
vielleicht so schon vom Verf. her.

46. In etlichen Versen, welche im natürlichen Verlauf
der Dinge zu lang geraten wären, hat der Verf. sich durch
das gewaltsame Mittel der **Verschleifung**, sei es zwischen benachbarten Wörtern oder im Wortinnern, zu helfen gesucht.
So in *laval* (für *la-aval* = *la-jus*) 229ᵃ₁₉, *Aussi ser 'elle à mon
advis* 222^{b}₁₄, *a-vous* (für *avez-vous*) 161ᵃ ᵤ. ₁₈, 227^b ᵤ. ₄, 234^{b}₆,
fray (statt *feray*) 231ᵃ ᵤ. ₉. Den gleichen Zweck erreicht er
zuweilen durch Apokope von auslautendem *e* vor konso-
nantischem Anlaut; so steht *Nel* für *Nesle* 144^{b}₂, *Marinar* für
Marinare 149ᵃ₁₈, 151ᵃ₈. Ausstossung bezw. Abfall von
dumpfem *e* haben wir auch sonst nicht selten anzunehmen,
ohne dass sie in der Schreibung zum Ausdruck käme; so
ist *e* unsyllabisch in *maudite* 105ᵃ₁₀, *Brethaingne* 143ᵃ l. V.,
Calife 164^b ᵤ. ₂, *France* 237^{b}₁₀, *serez* 238ᵃ ᵤ. ₁₄, *lesse* 242ᵃ ᵤ. ₂₀,
petiz 243^{b}₂₆, auch in *fussent-ilz* 109^{b}₈, wo übrigens in Anbe-
tracht des Sprechers, eines Bogenschützen, eine vulgäre Form
nicht auffällig erscheint. Am stärksten ist die Verschleifung
in *J'ay ung* 215^b ᵤ. ₁₃, doch immer noch durch die Proklise
beider Worte erklärlich. In Schlachtrufen begegnet mehrmals dieselbe Erscheinung: 42^b ᵤ. ₉, 43ᵃ₈ ist *Saint-Denis!*
dreimal zu wiederholen, also vielleicht das erste Mal *D'nis*
zu sprechen (das Gegenstück bildet der Kriegsruf der
Engländer, dreimaliges *Saint-Gorg!* 42^b ᵤ. ₈, wo wohl ein
dumpfes *e* hinter dem auslautenden *g* gesprochen wurde;
sonst ist *Gorg* in dem Jargon stets einsilbig); bei dreimaligem
Tartarie! 192^b ᵤ. ₄ dürfte einmal *Tart'rie* zu lesen sein; und
bei viermaligem `*A l'assault!* 88$^b$₅, ₁₃ ist durchweg `*A l'sault*
zweisilbig aufzufassen (Für gewöhnlich ist `*A l'assaut* drei-
silbig: 122ᵃ ᵤ. ₁₂, 135ᵃ₃).

Der häufig vorkommende Name des Prinzen Philippe
ist durchaus zweisilbig zu sprechen; also: *Ph'lipe* — 55ᵃ ᵤ. ₆, ₅,
58ᵃ₂, 179^b ᵤ. ₁₅, &c. Da in dem ganzen *Jeu* nur ein Fall,
228ᵃ l. V., vorkommt, welcher dieser Zählung entgegensteht,
so ist dort ein Irrtum des Kopisten anzunehmen. (Ich lese

daher: *Philipe*, [*mon*] *beau filz, il est heure.* — 230^b₉ ist die Lesung der Hs. beizubehalten: *Philipe*, monseigneur, *mon gré est*). —

— Eine Erscheinung, welche der im Vorstehenden behandelten entgegengesetzt ist, findet sich in der willkürlichen Zerdehnung des Wortes *style* zu *setille* 239ᵃ u. 25. Hiermit sind nicht gleichzustellen die gedehnten Futurformen wie *muuveray, debveront* (§ 36), da diese der Schriftsprache jener Zeit angehören.

47. Einige Fehler in der Silbenzahl der Verse sind entstanden durch unrichtige Anwendung der **Doppelformen**, in welchen mehrere Wörter begegnen. So ist zu bessern: *ver(i)té* 8ᵃ₁₈, 14ⁿ₁₁, 39ᵃ₅, 185ᵃ₄; — *verté* findet sich sonst 52ᵃ₉, 91ᵇ₁₆, 131ᵇ₁₂, u. ö. *ver(i)tablement* 4ᵇ l. V. *com(ine)* 24ᵇ l. V.; *com* s. auch 234ᵇ u. 23, 238ᵃ₂₃, u. ö. st. *onquez* l.: *onc* 110ᵃ u. 11; vgl. *onc* 17ᵇ₃, 67ᵃ u. 16, &c. *encor(e)* 117ᵃ₂₀; vgl. 120ᵃ u. 9, 123ᵇ₂₃. &c. *avec(ques)* 181ᵇ₁₁, 208ᵇ₇; *avec* 71ᵇ₇, 77ᵇ u. 3, 205ᵇ u. 3, &c. *v[e]ray* 141ᵇ₁₁, obwohl diese Form sonst in unserem Mister nicht belegt ist.

Bei anderen Doppelformen, wie *desor(e)mais, jusque(s)*, *apostre — apostolle, beneysson — benedicïon*, begegnet kein Fall von Vertauschung.

48. Ich lasse nunmehr die **Berichtigung derjenigen Verstösse** gegen die Silbenzahl folgen, welche in der Auslassung, bezw. der irrtümlichen Einfügung meist einsilbiger Wörter (wie der persönl. &c. Pronomina, der Präfixe *de-, re-*, adversativer &c. Partikeln, von *cy, sy, tres, tost* u. dgl. m.), in Überspringung einzelner Silben oder anderen leichten Schreibversehen ihren Ursprung haben. Für Benutzer der MICHEL-schen Ausgabe ist zu bemerken, dass die grosse Masse seiner Emendationen zu vermeintlichen Verstössen der hier bezeichneten Kategorie wieder auszumerzen ist, da jene „Berichtigungen“ grossenteils durch das, dem Verf. des Misters sowie der dichterischen Sprache seiner Zeit fremde Streben nach Beseitigung des Hiates herbeigeführt sind. Diejenigen Änderungen MICHEL'S, welche einer Prüfung auf ihre Notwendigkeit oder Erwünschtheit standhalten, habe ich in die nachfolgende Liste aufgenommen und gemeinhin durch ein beigesetztes M. gekennzeichnet.

49. Berichtigung der Silbenzahl (Schluss).

2^b n. 2. [je] veu. — *Ebenso* 142^a.3 Trop [je], 148^a u. 4 [je] l'iray, 202^a u. 11 Que [je], 241^a u. 19 [je] l'ose.

4^a u. 4. Et vous [les] — M. — *Vgl.* 201^b9 Qui ne [les], 222^a u. 14 [les] estronner.

5^a2. [re]tenu — M. *Vgl.* 65^b7 [re]monstrer, 171^a u. 14 [re]doubtez, 217^a u. 15 [re]mercie.

6^a10. mond(e).

7^b12. [de]monstrance — M. *Vgl.* 142^b u. 10 [De]puis, 215^a u. 11 [de]partir.

7^b25. [la] justice — M. — *Ebenso* 154^a u. 4 [la] peau, 166^b13 [la] guerre, 214^a5 [la] voye, 236^a7 il [la]; *umgekehrt* 127^a u. 10 (La) santé.

10^a3. [soin] qu'outrage.

11^a6. [le] doy — M. *Ebenso* 17^a u. 4 [le] meilleur, 72^a10 [le] chef, 152^b u. 9 [le] veu, 245^a u. 18 Il [le].

12^b11. st. tant l: tenir.

13^a15. (et). — *Ebenso* 148^a u. 10, 149^a18, 187^a4, 211^a2; *umgekehrt* 103^b l. V. [et] bault, 110^a u. 12 [et j'] y ay esté, 152^a19 [et] qui, 159^a u. 22 sonners [et], 215^a18 [et] si, 222^a12 [et] joyeuse, 235^b u. 2 [Et] tout.

14^b u. 11. *Lies etwa:* Et moy aussi me joins à eux, *oder:* Et moy aussy bien je le veulx.

15^b14. accorde[ré].

16^a25. [mos]seigneurs.

16^a u. 4. [car il] le fault.

19^a4. Ycy [pour]. *Ebenso* 159^b9 [Pour] les . . ., 174^a18 [pour] meffait.

19^b3. [quelqu'] ung 〕
20^a18. [ung] tel 〉 M.
22^b9. (ay) 〕

25^a13. st. sire l.: donc.

26^a22. fault [-il] — M. *Auch* 174^a u. 19 [il] parface, 189^b l. V. [il] vous, 221^a21 [il] conto.

30^a1. [En verité,] je puis — M.

36^a9. que [tost] — M. *Ebenso* 71^b u. 7 [tost] me, 246^a10 [tost] le corps; *umgekehrt* 98^b u. 4 (tost).

37^a u. 7. [tous] les. *Ebenso* 232^a17 [tous] reprendre; vgl. 67^b15 Que [toto], 231^b u. 12 [tout] malgré. *Dagegen* 220^a (tout) desroy.

49^b 24. 25. l.: (g'iray) voluntairement G'iray, etc.

49^b l. V. [tres]tous; *ebenso* 100^a u. 4, 216^b22; *rgl.* 93^a11 [tres]tout, *ebenso* 97^b15, 185^a13: *endlich* 204^a1 [trestous] assés fermes.

3

$50^b{}_3$. Cil [Dieu], *oder*: Cely.

57^b u. 17. qu[e m]' avés.

$60^b{}_8$. [cy] me; 220^b u. 23 De laisser [cy], 240^b u. 7 Vela[cy].

64^b n. 4. viegnent [ils].

$65^b{}_{20}$. Faictez, [sire].

$66^a{}_{16}$. Mais, [sy] comme — M. *Ebenso* 131^b u. 8 [sy] suive-
moy, $146^b{}_6$ Et [sy], 194^a u. 8 [sy] très, $215^a{}_1$ Vous l'arez
[sy], $225^a{}_4$ [sy] ayons regard (?); *umgekehrt* $206^b{}_{23}$ (Sy)
ne faisons.

68^a u 9. [Clers,] et aussy.

70^a u. 2. [hommes] present — M.

72^b u. 13. [près] de.

74^b *Meine Besserungen zu der Ballade ergeben sich auch dem
Abdruck,* § 69^b.

$75^b{}_{17}$. que [voir].

$76^a{}_{15}$. [tres] digne; *ebenso* $141^b{}_4$ [tres] noble, 161^a u. 12 gent
[tres], $171^b{}_2$ [tres] oureuse, $183^a{}_1$ *und* $236^a{}_{20}$ [tres] cher,
237^a u. 4 [tres] doulx, $244^a{}_{24}$ Mort [tres].

$76^b{}_{25}$. [vous] mourrez. *Ebenso* 174^a u. 13 quant [vous], $189^a{}_3$
[vous] le voulez, $202^b{}_{12}$ et [vous] prie, $205^b{}_{16}$ Que vous
[vous] trayez, 214^b u. 21 Sans que [vous], 215^b u. 5 que
[vous], $222^a{}_{28}$ Et [vous], $236^a{}_1$ Estes [-vous].

77^a u. 7, 8 *ist zu lesen und einzuteilen*: [Molt] legerement. —
Trestout tantot. — Hau, patron! — Qui est (-ce) là? --
Un mot.

78^a u. 7. [nous-] ont — M. *Ebenso* 95^a u. 10, 120^a u 6. *Vgl.*
ferons [-nous] (: tous) 126^a u. 9; aidez [-nous] $136^a{}_2$.

$80^a{}_{1, 2}$. *In folgender Weise umzustellen und zu ergänzen*:
Noble roy, vostre mercy bonne. —
[Roy Loys,] je vous . . .

83^a u. 7. Sire, [moult] — M.

$84^b{}_{10}$. [a] mortel — M. *Vgl.* $205^b{}_2$ [à] nous.

86^a u. 5. Tant [est] ⎰ M.
$89^b{}_{14}$. Car il y [a]ra ⎱

$101^b{}_7$. *Vor* il fault faire *ergänze einen zweisilbigen Ausruf wie*
Harou! *oder* Habay!

$105^b{}_8$. [Par] la mercy du roy divin.

$113^a{}_{20}$, $242^b{}_{19}$ (tu).

116^b l. V. Il n' [y] a. *Ebenso* $171^a{}_{17}$ [y] plongeonz, $180^b{}_{13}$
[y] montez, 206^a u 13 [y] ait.

$117^a{}_7$. [beau] sire.

121^a u. 10. [par] N.-D. — M. *Ebenso* 153^a u. 11 [par] dessus.

122ᵃ ᵤ. ₉. Que (ne). *Umgekehrt* 169ᵃ ᵤ. ₁₆ Mal [ne], ib. ᵤ. ₄ Car
ce [ne], 176ᵇ₂₂ [Ne] la pais, 232ᵇ ᵤ. ₄ Moy que [ne],
239ᵇ ᵤ. ₄ Que je [ne].
126ᵃ₆. [y]là.
126ᵇ ᵤ. ₁₀. voy [bien]. *Ebenso* 207ᵃ₁ Ce saichez [bien].
128ᵇ ᵤ. ₂. [du] secours — M.
133ᵃ l. V. (sur¹.
133ᵇ₁₅. vous [donra] — M.
₁₇. Mes [doulx].
135ᵇ₂₄. Ça, [chers]. *Vgl.* 217ᵃ ᵤ ₃ [cher] frere, 226ᵃ₁ Mon
[cher] . . .
137ᵃ ᵤ. ₁₆. de (plus).
₅. [Car] tu fais. *Auch* 194ᵃ ᵤ. ₁₇ [Car] je cuide.
139ᵇ ᵤ. ₁₇. Jhesu(s) [-Crit].
141ᵇ₁₃. [Par en]contre.
141ᵇ ᵤ. ₉. *ergänze und interpungiere*: Par Mahon, mon dieu!
[or] croy. *Vgl.* 57ᵇ₁₃ [Or]metz . . ., 143ᵇ ᵤ. ₂ [Or] quant,
212ᵇ₈ Car oyë [or], 214ᵇ₄ [Or] alons les . . ., 215ᵇ ᵤ. ₁₁
[or] çà! 225ᵃ₄ [Or] s'ilz . . . ; *umgekehrt* 183ᵃ l. V. (Or).
143ᵃ ᵤ. ₂. [en] plest. *Ebenso* 177ᵇ ᵤ. ₁₅ [en] blasfeme, 191ᵃ ₁₃
[en] armes; *umgekehrt* 146ᵇ ᵤ. ₇ (en).
144ᵃ₇. [par]tout.
146ᵃ₉. Car que[lque] — M.
146ᵇ ᵤ. ₉. *st.* Ilz *l.* Ellez.
150ᵃ₁₇. (grant).
151ᵃ₁. *st.* A. moy *l.* 'A mon corps.
152ᵃ ᵤ. ₁₁. le [livre] — M.
157ᵃ ᵤ. ₁₆. *st.* moy *l.* ma foy.
157ᵇ ᵤ. ₉. l'uis[que] — M.
159ᵃ ᵤ. ₄. Tout[e].
160ᵃ l. V. *st.* fault *l.* faulrra.
160ᵇ₁₁. Je [te] — M.
162ᵃ₈, ₁₁. Frappons [fort]. *Vgl.* 215ᵇ ᵤ. ₄ bien [fort].
164ᵃ ᵤ, ₁₅. [me] remort.
166ᵇ₂₂. Car [pour l]a . . .
167ᵃ ᵤ. ₀. [luy] sera . . .
168ᵃ₅. [ain]sy.
168ᵇ ᵤ. ₁₇. supli[ca]cion.
₁₂. Ho! [ho!]. *Vgl.* 240ᵇ ᵤ. ₄. [Ha]hay! 244ᵃ₂ [Ha!]
chere mere, 244ᵃ ᵤ. ₁₃ [ha!] Mort douteuse.
169ᵃ₈. [lieu] bien devot ⎫
170ᵃ₁₆. [fait] faire ⎬ M.
ᵤ. ₅. [dy] quo ⎭

$171^b{}_7$. st. Nostre l: Mon.

172^b u. 3. [chose] n'abundo.

173^b u. 16. *st.* l'arme desordonnce *der Hs. l.*: l'amende ordonnée — M.

$174^a{}_5$. [com]mandement.

$174^a{}_{11}$. *st. M.'s unverständlicher Lesart*: Pour debtes quelconques, hault preuhomme, *setze ich — teils im Anschluss an die Hs*: Pour debte quelconque ou pour somme.

174^a u. 23. *st.* que *l.*: contre.

174^a u. 15. le(s) [mand].

174^b u. 2. [que vous] mourrez!

177^b u. 20. ara [-il nulle] grace.

3. [de] bon pas. *Ebenso* $178^b{}_{16}$ [de] ton oultrage; *vielleicht auch* 216^b u. 5 [De] tenir; $222^a{}_4$ Garder [de]; 223^b u. 13 [de] nous; $225^a{}_{25}$ [de] nouveau; 241^a u. 17 [de] pris. *Dagegen* $244^a{}_7$ (de) destresso.

$178^a{}_1$. est (-ce) là.

20. Soit, mort[bieu].

$178^b{}_1$. bien [mais] affaire.

4. st. failly l: blasfemé.

13 fait [mal] (: royal) — M.

$179^a{}_8$. les [deux] mains.

21. blas[phe]mer, ebenso 179^a u. 6 blas[phe]mé — M.

u. 14. *st.* et endurcr *l.* à e.

179^b u. 13. Ung [lonc] tans — M.

181^a u. 17. *st.* En ung *vielleicht*: Ou.

182^b u. 11. [Mon] doulx amis! *Umgekehrt* $216^b{}_{15}$ (mon) très.

183^a u. 16. (,une) [et] deïté.

$184^a{}_4$. (Que) Le ... *Umgekehrt* 218^b u. 4 [Que] les fievres.

$184^a{}_{23}$. Vien à moy [Velà!]

$184^b{}_{13}$. Ah, sire [roy]!

14. [vorroye] vous desplaire.

$186^a{}_{10}$. [comme] je (le) tien.

$187^a{}_8$. [Tant] que nous ... M.

$188^b{}_{10}$. Qui [nous] vellent mettre [le] sioge.

$190^a{}_{15}$. (Il) Y ara des galanz [tuez] (: reculez).

192^b u. 2. Nostre [-Dame] — M.

$197^b{}_{29}$. Je, [Clement], serf ... *Ebenso* $200^b{}_3$.

$206^b{}_6$. s[er]ont — M.

$207^a{}_4$. *st.* tint *l.* tiegne.

211^a u. 4. J'aband[onn]e.

214^a u. 3. *st.* plaisance *l.* desplaisir (: oïr).

214ª u. 2. Las[se].

214b15. [à vous] mercy.

216ª15. *st.* Helas! à ... *l.* Lasse! à.

216ª u. 12. *st.* trouver en *l.* mettre en.

10. *st.* En la mer d'instabilité *l.* En ceste instabilité.

216b u. 16. *st.* Ma douleur *l.* Mon dueil.

217b1. l'er[rem]ent — M. , ˙ᴵ

218b u. 3. [Holà!] garçon ...

219b· *Die Änderungen in der Ballade s.* § 69ª·

220b u. 11. chrestïen [prise] (: Esglise) - M.

221ª9. *st.* mocïon *l.:* devocïon; *oder etwa:* 'A (la) vostre [pieuse] mocïon.

221ª22. cy à [male] honte.

224ª u. 8. esmay[er]ons — M.

224b u. 8. [roy] des François. *Ebenso* 229ª u. 20 Noble [roy]; *umgekehrt* 240b20 (roy).

225b u. 21. [trop] grievable.

226b20. ma[t]in.

230b7. Moi [-me]smes.

232ª u. 8. Dedens! [dedens!] ...

9. *st.* Qui sorte tues *der Hs. l.:* Qu'ils soient tués — M.

232b5. *st.* Il y en a dez *l.* Il y ara d'.

234b u. 13. dis[a]parez ⎫

6. [al]armé ⎪

235ª l. V. Vous [soit] ⎬ M.

235b10. il [luy] ⎪

14. [Dictes,] comment ⎭

238ª6. *st.* Elle *l.* Et.

241b u. 15. [va] mal — M.

243b14. [Pleurez,] cordelins (*st.* cordeliers, *des Reimes wegen*).

50. Reihenschluss (Zäsur).

Die Zehnsilbner, aus welchen die letzten drei Balladen bestehen, — im Ganzen 106 Zeilen auf Bl. 156b, 158b—159ª, 219b — haben die Zäsur nach der vierten Silbe. Neben dem vorherrschenden oxytonischen Reihenschluss (männliche Zäsur) findet sich auch ein gutes Dutzend Fälle von paroxytonischem Reihenschluss (*coupe féminine,* sog. opische Zäsur); noch zahlreicher ist die lyrische Zäsur (nach betonter dritter Silbe eine unbetonte Wortschlusssilbe) vertreten, und endlich kommt auch ein schwacher oder verwischter Reihenschluss vor (bei welchem die fünfte, eine tonlose Wortschlusssilbe, als erste Silbe der zweiten Reihe oder Vershälfte zählt): 219[b] u. 2 — s. § 69[a], vorletzter Vers.

B. Reim.

51. Allgemeine Charakteristik. — So sehr der schwankende Zustand der Sprache, das Nebeneinanderbestehen der alten und neuen Formen es dem „Dichter" erleichterte, den Anforderungen der Silbenzählung Genüge zu leisten, ebenso sehr fast ebnete er ihm die Reimschwierigkeiten. Dabei galt der damaligen Metrik der dürftigste Vokalreim (*rime caudaire*: *esté* : *encré*, *faly* : *sy*) als ausreichend, und auch die häufige Paarung identischer Suffixe (*honteusement*: *viguereusement* 190[a] 17, 18) und Flexionen (*estoiënt* : *sçaroiënt*), oftmalige Wiederholung derselben Reimworte, oder Aufeinanderfolge von zwei oder drei Zeilenpaaren mit völlig oder nahezu gleichlautenden Reimsilben erregten keinerlei Anstoss. Für die letztere Erscheinung hier ein paar Beispiele: 113[a] 19—24 lauten die Reimworte von drei Zeilenpaaren: *incontinant* : *avant* — *an* : *souldan* — *legerement* : *trespassement*. 119[a] 11 sq.: *tantot* : *Marmot* — *Riffaut* : *hault*. 231[a] u. 7 sq.: *creneau* : *veau* — *baut* : *hault* — *peau* : *hardeau*. 123[a] 8 sq.: *Barbarïe*: *Faerïe* — *affïe* : *chevalerïe*. 179[a] u. 13 sq.: *faire* : *debonnaire* — *contraire* : *faire*. 125[a] u. 4 sq. folgt vier mal die Verbalendung *-onz*, 159[b] 22 sq. sechs mal die Endung *-ez*, u. s. f. — [23]).

Trotz der Niedrigkeit der zulässigen Mindestanforderungen in Hinsicht des Reimes, und der Häufigkeit der Fälle, in welchen der Verf. sich an diesem Mindestmasse ein Genüge sein lässt, ist bei ihm doch im Allgemeinen das Be-

---

23) Nicht unter das Kapital von der Armseligkeit des Reimes fällt die 12-Zeile 127[a] oben. Die Reimworte der Zeilen 3, 6, 7, 8, 10, 11 lauten:

affort : *desconffort* : *fort* : *effort* : *conffort* : *reconffort*.
(Adv. „hertig") („Trostlosigkeit") („stark") („Stärke") („Trost") („Tröstung")

Hier liegt jedenfalls ein absichtliches Spielen mit dem Stammworte *fort* vor, welches seiner besonderen Klangfarbe wegen, bei so häufiger Wiederholung einen gewissen schwermütigen, man könnte sagen „trostlosen", Eindruck hervorzubringen geeignet scheint, wie er mit dem Inhalt — der König fleht zu Gott um Erlösung von der Hungersnot — trefflich stimmt. Es wäre eine dankbare Aufgabe für gewiegte *Symbolistes*, den genauen „Farbenwert" von offenem *o* zu ermitteln; vielleicht würden einzelne für „schwarzbraun", und eine entsprechende Versinnlichung, wie Hungerplage, stimmen.

streben nicht zu verkennen, thunlichst vollkommene Reime
anzuwenden; und inderthat ist die Fülle der reichen und
homonymen Reime eine sehr grosse. Ehe ich zu diesem
Abschnitte (§§ 56—58) übergehe, bespreche ich noch einige

Besonderheiten der Reimbildung (52—56).

52. Durchweg reimen **mouilliertes l und n** mit den ent-
sprechenden einfachen Konsonanten: *etal* : *ail* 98ᵃ₂₂, ₂₃, *cristal* :
ail 205ᵃ₂₀, ₂₁, *utille* : *fille* 13ᵃ₁₂, ₁₃, *ville* : *bastille* 102ᵃ ᵤ. ₁₃, ₁₂, &c.;
digne : *trine* 127ᵃ₁₆, ₁₇, *benigne* : *röyne* 136ᵇ ᵤ. ₉, ₈, und häufig.

53. Während vielfach das Bestreben zutage tritt durch
willkürliche Schreibung vollkommenen **Augenreim** herzustellen
(st. *les* steht *lais* |: *frais*] 165ᵃ₁₇; umgekehrt st. *laids* einmal
les [: Pron. *les*] 139ᵃ₁₀, ₁₁; st. *Japhet* [Stadt] steht *Jafait* [: *fait*]
148ᵃ ᵤ. ₇, ₆, u. s. f.), so gelten andererseits noch Reime als
korrekt, welche in späterer Zeit trotz vollkommenen Gleich-
klanges ihrer verschiedenen Schreibung wegen, bezw. aus
den, bei TOBLER, Versbau 113 sq. aufgeführten Gründen ver-
bannt worden sind; so: *vray* : *croix* 214ᵇ ᵤ. ₃, ₂, *doy* : *boys*
215ᵃ₁₆, ₁₇, *nouvelles* : *pucelle* 124ᵃ₂, ₃, *espée* : *abatez* 162ᵇ₈, ₉, *infame* : *famez* 70ᵇ ᵤ. ₇, ₆, *museller* : *volee* 92ᵃ₁₁, ₁₂, &c.

54. a) Mehrfach begegnen **weibliche Reime mit einem ton-
losen Worte als Schlusssilbe.** So reimt *Prouvence* : *en ce* 13ᵃ₁₄, ₁₅,
cruelles : *et les* 243ᵃ ᵤ. ₁₅, ₁₄, *plume* : *tu-me* („töte mich") 155ᵃ ᵤ. ₂:
155ᵇ₁, *pelerinage* : *feray-ge* 216ᵃ₁₀, ₁₁, und ähnlich 244ᵃ ᵤ. ₂,
244ᵇ₁₁.

b) Ein Fall von **Akzentverrückung** liegt 127ᵃ₂₈ vor, wo bei
männlichem Versausgang das nachtonige *e* von *fortune* mit
lautem *é* reimt:

> Plus sans fortune
> Qu'onquez homme né. —

Ein Gleiches ereignet sich in dem Reimpaar 35ᵇ₁₃, ₁₄:

> Pour aly bintot à guerre. —
> Mon cher seigneur, je le feré;

MICHEL's Konjektur [*la*] vor *guerre* ist unbegründet, zumal
es sich um den englischen Jargon handelt und in den be-
treffenden Abschnitten die sonst weiblichen Reimausgänge
fast durchweg gekürzt oder gewaltsam zu männlichen umge-
staltet worden sind.

c) Wieder anders verhält es sich mit dem Reim in dem
Verspaare 181ᵇ ᵤ. ₁₃, ₁₂:

> Entends-tu ? si feras que saige. —
> Bien, de par Dieu! Si feray-gé

Dies Verfahren läuft „auf eine Aufhebung des Reimes oder vielmehr eine **Verstümmelung der Silbenzahl**" hinaus, vgl. STENGEL, Rom. Verslehre, § 21.

55. Assonanzen. — Endlich bleiben vereinzelte Fälle von nur assonierenden Zeilenpaaren zu erwähnen, wie sie auch sonst in der Schriftsprache jener Zeit neben (Voll-) Reimpaaren noch Duldung finden:

France : *franche* 170[b] u. 7, 6; *desplaisance* : *franche* 214[a] l. V. sq.: *esclandre* : *grande* 223[a] 1, 2; *embassade* : *Halape* 83[b] u. 13, 12; *Cypre* : *maudire* 99[a]13. Eine wirkliche Assonanz liegt auch vor in *preves* : *estes* 236[b]25, 27 (MICHEL, p. 413, bemerkt: „*la rime exige prevostes*"; doch ist diese Form in der hier erforderten Bedeutung unzulässig). — *Acors* : *boys* 43[b]1, 2 dürfte wohl auch als Assonanz gelten. — 239[b]17, 19, 20 *mere* : *apre* : *apere* (*aberre*?); hier ist vielleicht st. *apre* zu lesen: *aigre*, wodurch wenigstens der Tonvokal gerettet und eine Assonanz hergestellt würde.

56 Ausgiebige Verwendung findet, wie bereits (§ 51 unten) erwähnt, der **reiche Reim** in seinen verschiedenen Abarten, als:

a) gewöhnlicher reicher Reim (*rime consonante*); *victeur* : *Redempteur*, &c.

b) leoninischer Reim; *perir* : *ferir*, *le voir* : *devoir* 209[a]32, 33 *taniere* : *magniere* 89[b] u. 8, 7, *regnyé* (dreisilbig) : *escommenyé* (fünfsilbig) 53[a] u. 3, 2, *tranquilité* : *humilité* 72[a]18, 19, u. s. w.

c) *rime équivoqu(é)e* : *c'est force* : *s'efforce* 89[b]ꝛ, 9.

d) Assonanzreim (oder Doppelreim): *besoingne* : *se faingne* 33[b]12, 13, *dedens* : *me vens* 81[b] u. 15, 14, *a tel honneur* : *à tel seigneur* 209[a]30, 31. Ein Fall von weitgehendem inneren Gleichklang, verbunden mit Allitteration, liegt vor in dem Zeilenpaar 193[b] u. 7, 6:

Car leur na*vire*, je me *vent*,
Va et *vire* comme le *vent*.

57. Vielfach werden die reichen Reime gebildet durch **Reim des Simplex mit dem Kompositum** oder zweier Komposita, und zwar:

a) bei unähnlichem Sinne, wie *tient* : *soutient* 75[b] u. 9, 8, *clinerons* : *declinerons* 152[b]12, 13, *asservir* : *servir* 152[b]14, 15, *secourir* : *courir* 120[b] u. 7, 6, *grans* : *engrans* 14[b] u. 15, 14; *convient* : *advient* 116[b] u. 8, 7.

b) bei ähnlichem Sinne, wie *commander* : *mander* 90[a]14, 15, *conffort* : *reconffort* 127[a]10, 11.

58. Überaus gross ist auch die Zahl **homonymer Reime** in allen Abstufungen. Von jeder Art folgen hier ein paar Beispiele:

a) Echte Homonyme: *amer* (*amare* Inf. : *amarum*) 203[a] 4, 5; *appert* (*apertum* : *apparet*) 174[b] u. 12, 11; *ars* (*artes* : *arsum*) 123[b] 3, 4; *car* (*quare* : vlt. *carrum*) 77[b] u. 2, 1; *champs* : *chan*[t]*s* 207[b] 1, 2; *chere* („Gesicht" : „teuer") 211[a]2, 3; *cité* (*civitatem* : *citatum*) 205[b]18, 19; *conte* (*conputum* : *comitem*) 73[b]18, 19; *empire* (*imperium* : *impeiorat*) 127[b]1, 2; *estre* („sein" : „Ort") 117[a]17, 18; *fais* (*factos* : *fascem*) 195[a]20, 21; *fine* („schön" : „sterbe") 205[a] u. 19, 18; *fust* (*fuit* : *fustem*) 237[b] u. 8, 7; *mains* (*manus* : „manche") 152[a] u. 10, 18; *meurs* (*mores* : *mortuos* [!]) 16[b] u. 16, 15; *mort* (*mortem* : *mordit*) 121[a] u. 5, 3, u. ö.; *pres* („bereit" Pl. : „nahe") 204[b]18, 19, u. ö.; *pris* (Part. : *pretium*) 135[b]3, 4; *rue* („wirft" : „Strasse") 215[b] u. 11, 10; *sault* (*salit* : *salvet*) sehr oft; *seur* (*securum* : *soror*) 238[b]32, 33; *tour* (*turrem* : *turnum*) 222[b]24, 25, u. ö.; *Venus* : *venus* 90[b]6, 7; *vent* (= nfz. *vante* : *ventum*) 73[a]8, 9; *voir* (*videre* : *verum*) 150[b]17, 18, u. ö.; *vois* (*vado* + *s* : *vocem*) 150[b]13, 14, u. ö.; *voye* (*viam* : *videam*) 204[a] u. 3, 2 — womit die Liste noch keineswegs erschöpft ist.

b) Reime von Wörtern gleichen Stammes, aber verschiedener Wortgattung, wie *regent* (Subst.: 3. Sg. Präs. Ind.) 100[a]18, 19; *dueil* (1. Sg. Präs. Ind.: Subst.) 88[b]16, 17; *veil* (ebenso) häufig; *mestier* (Adj. : Subst.) 78[a]10, 11; *vive* (*viva* : *vivat*) 227[a] u. 9, 8; *point* (Part. von *poindre* : Subst. oder Negat.) häufig; *repaire* (Verb : Subst.), u. v. a.

c) Ein Wort reimt mit sich selbst, aber in verschiedener Bedeutung, wie *charge* („Amt" : „Last") 175[b] u. 16, 15; *cure* („Sorge" : „Interesse") 179[b]20, 21; *point* (Subst. : Neg), *pas* (ebenso), u. a.

d) Identische Reime: nicht nur einzelne Wörter (*suis*, *serés*, *devisé*, *jour*, *ycy*, *sire*) finden, zum Teil wiederholt, in dieser Weise Verwendung, sondern auch Wortgruppen, wie *sire roy* 102[a]2, 3 und: *j'ay très grant joye* 202[b]16, 17.

59. Ich gebe nunmehr eine **Berichtigung der Reime**, welche in der Hs. fehlerhaft überliefert sind — soweit dieselben nicht schon in den §§ 45, 49, und sonst gelegentlich, ihre Korrektur gefunden haben.

51[b]11. statt *à mort* l. *amere* (: *espere*), vgl. *amer* in gleicher Bedeutung 54[a]18, u. ö.

62[a]22. st. *de ma part* l. *de plain sault* („eilends", begegnet häufig) (: *sault* < *salvet*).

67[a]7, sq.: Das lat. Zitat aus Psalm 79,1 ist in der Absicht des

Verf. jedenfalls als fünf Verszeilen zu lesen; die Reimworte sind demnach (*tais* :) *gentès, tuam* : *tuum, Jherusalem* :
custodiam. ²⁴).

80ᵇ₈. st. *bief* 1. *buef* (: *suef*).

93ᵃ₁₂. st *du rost* 1. *arrest*; folgende Zeile st. *l'ost* 1. *l'est.*

96ᵇ ᵤ. ₉. st. *fera debvoir* 1. *sera noyé*, im Reim zu *desployé* :
employé.

100ᵇ ᵤ. ₄. *obtenu*[*e*] (: *biervenue*).

109ᵇ₁₇. st. *cuer* 1. *crïer* (: *festïer*).

113ᵇ ᵤ. ₇. st. *naturelle* 1. : *naturale* (: *infinale*).

136ᵇ ᵤ. ₅, ₄. st. *vouer* : *pourvouer* muss der Reim lauten *voir* :
pourvoir.

148ᵇ₂₃. st. *fais* 1. *fins* (: *sarrasins*).

154ᵇ ᵤ. ₆. st. *que tu es fins* 1. *tu es estout* (: *bout*).

169ᵃ₁₇. st. *gens venir* 1. *venir gent* (: *diligent*).

178ᵃ₂₀, ₂₁ muss der Reim st. *faye* : *gagneroye* lauten: *fay-je* :
gagneray-je.

222ᵃ ᵤ. ₁₅. st. *par Mahon* 1. *par ma foy* (: *moy*).

224ᵃ ᵤ. ₁₅. st. *à bonne foy* 1. *à bon talent* (: *legerement*). — Statt
aus dem in der Hs. auf *foy* und *legerement* ausgehenden
Waisenpaar ein Reimpaar zu machen, hat M. einen mit
foy endenden Vers eingeschoben, der Verwaisung der
Zeile auf *legerement* also nicht abgeholfen.

224ᵃ 1. V. st. *Si nous tenrrons sur nostre garde* 1. *Si pensserons
de nous garder* (: *regarder*).

---

24) Es ist auch sonst zu beobachten, dass der Verf. bei den ein-
gestreuten lat. Zeilen a) sich nicht an die Silbenzahl (8 auf den Vers)
gebunden erachtet, b) das gegebene Reimschema dagegen gern genau
durchführt.
Ad a). Vgl. 65ᵇ ᵤ. ₂₁ sq: *Estote fortes in bello* (vorher : *je lo*) ; *Et pug-
nate* | *cum antiquo serpente.* — 67ᵃ ᵤ. ₁₁, ₁₀: *Effunde frameam et conclude*
(vorher: *aidé*) | *Adverssus eos qui prosecuntur me* (: *bienamé*) ᵤ. ᵥ. ₐ. Beispiele.
— 140ₐ₁₆₋₁₈ dürfte in folgender Weise zu teilen sein: *Vincenti dabo edere*
(vorher: *sidere*) | *De ligno vite quod est in* | *Paradiso Dei mei* (: *ycy*);
hiermit werden Metrum und Reimschema wohl oder übel gewahrt: die
mittlere Zeile könnte, bei reiner Aussprache des *i*, durch Assonanz mit
den folgenden Versen zu einer Dreizeile verbunden werden.
Ad b). Mehrere der für obiges Psalmenzitat vorgeschlagenen Reime,
oder genau analoge, begegnen auch anderweit. 139ᵇ ᵤ ₅, ₆ *tais* : *deficientès* ;
66ᵇ ᵤ. ₁₁, ₁₀ *Jherusalem* : *ahan*; 67ᵇ ₆₋₈ *Jherusalem* : *Amen* : *an.* Und der
Reim *tuam* : *tuum* wird bei starker Nasalierung der Endungen (*tuã* : *tuõ*),
zumal als fremdsprachliches Einschiebsel, kaum Anstoss erregt haben;
für lat. — *um* : franz. — *on* vgl. *ton* : *scutum* 67ᵃ ᵤ. ₂₀, ₁₉, *seculorum* : *partiron*
76ᵇ ᵤ. ₁₁, ₁₀, *horion* : *deum* und *vestrum* : *Mahon* 97ᵇ ᵤ. ₁₅₋₁₂, *bulencium* : *expedicion* 163ᵃ ᵤ. ₀, ₅; cf. auch *respondront* : *prodeunt* 106ᵃ ᵤ. ₃, ₂.

230^b _{u. 14.} **st.** *de champ en champ* l. *de chaut en chaut* (: *assaut*).
MICHEL, p. 412, sieht zwar die Notwendigkeit dieser
Änderung ein, fährt aber fort: *Mais nous n'osons proposer
cette correction.* Warum nicht? Die Redewendung begegnet in der Bedeutung „eilig" häufig in unserem Mister,
ist an dieser Stelle durchaus bezeichnend und befreit uns
von einem der lästigen Weisenpaare.

230^b _{u. 3.} **st.** *Saillons à la porte et l'arrest* l. *Saillons dehors de
cours ysnel* (: *chastel*), welche Wendung sich z. B. 192^b ₁₈
findet.

238^a_{10:} **st.** *crime* l. *blame* (: *Dame*).

243^a_{14.} **st.** *cas* l. etwa: *cilz* (: *volatilz*), oder ändere die ganze
Zeile *En lermes et cas* um in: *Chevreulx et goupilz.*

60. Die Zahl der reimlos überlieferten Zeilen oder
Waisen ist ziemlich beträchtlich. Soweit ich eine geeignete
Ergänzung ausfindig machen konnte oder bei MICHEL eine
solche in [ ] vorfand, füge ich dieselbe in dem untenstehenden
Verzeichnis bei. In einzelnen Fällen, wo der fehlende Gedanke sich nicht von selbst ergab, habe ich von einem Er-
gänzungsversuch abgesehen; in anderen endlich, in welchen
das Fehlen eines Gedankengliedes überhaupt nicht ersichtlich
ist, darf wohl angenommen werden, dass schon in der ursprünglichen Fassung eine Waise vorlag. — Reimlose
lateinische Zeilen bleiben unberücksichtigt.

16^a_{13.} Vor der Waise auf *intencion* ergänze etwa: *De cuer
non faint exploiteron.* (*Exploiter* in dem Sinne von nfz.
exécuter s. z. B. 11^a₁₃)

16^b _{u. 6.} Waise auf *mort.*

19^b l. V. Nach *joyeusement* ergänze: *Sans nul demeur ordon-
neray,* oder: *Sans demourance je feray.*

22^a _{u. 7.} Waise auf *fille.*

25^a_{2.} W.: *aise.*

57^a _{u. 16.} W.: *exprès.*

62^b_{10.} Vor der W.: *semonce* erg.: *Du roy Lõys le digne nonce*
(zu der Rede des *evesque de Lan*).

70^a_{13.} W.: *chargée.*

106^b_{1.} Die Zeile auf *lo* soll vermutlich zum letzten ge-
sungenen Vers des *Vexilla regis prodeunt* reimen.

109^a_{17.} W.: *joyeusement.*

122^b _{u. 2.} Nach W.: *stille* erg.: *Mon couronnement en la ville·*

123^a_{16.} W.: *chargée.*

123^b _{u. 10.} W.: *seigneurie.*

137*₁₇. W.: *reconfortés.* Vorher geht ein strophischer Ab-Abschnitt ohne Bindezeile.

148ᵇ ᵤ. ₁₉. W.: *veult.*

164ᵇ ᵤ. ₂. W.: *accordz.*

206*₁₂. Nach W.: *fault* erg.: *Et leur bauray un ñer assault.* ⎫ M.
207ᵇ₁₀. Nach W.: *plaisir* erg.: *Et que nous eu avons loisir.* ⎭

214* ᵤ. ₆. Nach W.: *supplie* erg.: *Penssez de mener chere lie.*

218ᵇ ᵤ. ₄. Nach W.: *mie* erg.: *Je m'en vois fere une escampie.*

220ᵇ ᵤ. ₂₃. Vor W.: *mere* erg.: *Bien que ce me soit* ⎫
paine amere. ⎪
222*₂₂. Vor W.: *mer* erg.: *Et tous les dieux c'on* ⎬ M.
doit amer. ⎪
224ᵇ₁₆. Nach W.· *cher* erg.: *Je le vois ycy avancer.* ⎭

224ᵇ ᵤ. ₁₇. Nach W.: *croyon(s)* erg.: *Mahon, Jupin et Barratron.*

225*₁₇. Nach W.: *semble* erg.: *Advançons-nous trestous ensemble.* — M.

225ᵇ₈. W.: *franchement.*

226*₁₀. Nach W : *avantage* erg.: *Sy feron de vous grand carnage.*

231ᵇ₂. Die reimlose Zeile auf *peu* wirkt sinnstörend und ist dahor zu streichen.

232ᵇ₁₈. Vor W.: *vaillamment* erg.: *Et seront ycy remanant.* — M.

233ᵇ₁₂. Nach W.: *cure* erg.: *Jerny Mahon, Venus, Mercure.*

234*₂. W.: *deffence.* (Es folgt ein Rondel).

236ᵇ ᵤ. ₁₀. W.: *fais.*

₃. Nach W.: *filz* erg.: *Sy l'aide Dieu à ton profis* (vgl. 235ᵇ ᵤ. ₈).

238*₅. Nach W.: *evoquée* erg. etwa: *Elle sera au ciel portée.*

239*₁₄. W.: *corruptible.*

Hier sind noch ein paar Fälle anzureihen, in denen es sich nicht um Ergänzung der einen Zeile eines gewöhnlichen Reimpaares, sondern einzelner Zeilen handelt, welche in strophischen Partieen ausgefallen sind:

216* ᵤ. ₆. Nach *abilité* erg. den Dreisilbner: *Et leauté.*

216ᵇ ᵤ. ₂₀ Nach *pourray-je* erg. den Fünfsilbner: *En ce dur vefvaige.* — Vgl. *De vous reufve* 71ᵇ₁₀, *Veufvéë de vostre depart* 211ᵇ ᵤ. ₃.

220*₈. Nach *amer* erg. den Dreisilbner: *Et loer.*

61. Mehrfach begegnen auch zwoi aufeinander folgende Waisen; solche **reimlose Zellenpaare** sind:

25* ᵤ. ₃, ₂ die Verse auf *yssue* und *sire.*

130*₃, ₄ ,, ,, ,, *enrragez* ,, *mie.*

162*3, 4 *bigne-abatue*, ein Bindezeilen-Paar, deren erste mit dem Schlussverse (: *rechigne*) einer voraufgehenden, die zweite mit dem Anfangsverse (: *tue*) einer nachfolgenden Strophe reimt.

190b10, 11. *compaignie — gaignée.*

232*10, 11. *vie — dieulx.*

235b u. 12, 11. *prie — troublée.*

62. Eine Art Gegenstück zu den Waisen sind die **ein reimigen Dreizellen**, deren eine geringere Anzahl begegnet:

43* l. V. sq : *mors : acors : boys — (?).*

61b4—6. *tenés : venés : pourrés.*

67b5—7. *Jherusalem : Amen : an.*

113*33—35. *revellé : alé : commandez.* Vgl. § 53.

138b u. 16—14. *rien : mehen : souldan.*

146*25—27. *sy : Poissy : cecy.*

150*22—24. *terre : guerre : erre.*

160b u. 2 sq. *faitiz : meritis : abatiz,* wovon der letzte Vers den Anfang einer folgenden Achtzeile bildet.

163* u. 7—5. *exaltazion : bulencium : expedicion.*

172b l. V. sq. *viagiers : chevaliers : conseillers.*

216h u. 3—1. *rappaisez : yrez : reveurez.*

III. Abschnitt: Einzelbesserungen.

63. Ich lasse hier noch eine Reihe unerlässlicher Einzelbesseruugen zum Text des Misters folgen:

8* u. 12 *st.* Ensy *l.* On cy.

10* l. V. *st.* Sa mon *l.* Ç'a, mon. *Dieselbe Korrektur* 93* u. 12. — *Auch* 193h2 *st.* Sçarons mon *l.* S'arons . . .

12* u. 18. *st.* voulroit *l.* vaudroit.

18*11. *st.* veoit *l.* veult.

22* u. 14. pou[r]voye.

22b3. *st.* venue amoureuse *schlägt M.*, p. 399, venue gracieuse *vor, weil die folgende Zeile auch auf amoureuse ausgeht. Seine Bedenken gegen die eigene Konjektur sind hinfällig; es ist zu lesen:* Contre sa venue gracïeuse.

28* u. 14. me[n]haigne.

28b11. *trenne* Y a.

29*6. *st.* amye *l.* affye.

30b3. *st.* et *l.* ou.

32b u. 5. *st.* defferre *l.* desserre (= récompense). — M.

33* u. 9. *st* rechet *l.* rechef.

43ª₇. *st.* Avant *l.* Afin.
44ᵇ₂₄. (d')interès.
47ᵇ₄. *st.* paus *l.* pous.
53ᵇ₁₆. *st.* Qu'ilz *l.* Qui.
57ª₄. *trenne* en soigne.
57 ᵤ. ₁₈ ₛq. *st.* la sente. A Bourges alon en . . . *l.* la sente
A Bourges, à Lan en . . .

(60ª₅, ₇. *Für* chandeliers — Indiens du pays de la canelle
uud Fémenie — pays fabuleux, que l'on disait habité
par des Amazones *s:nd M.'s Erklärungen zu akzeptieren).*
61ª₆ ₛq. *Nach zwei Zeilen des* arcevesque de Bourges *spricht
der Herold Paris; st. M.'s Text:*
Je voy l'arcevesque de Paris, non
De Roins, prelaturo d'eslite —
ist wohl zu lesen:
Je voy l'evesque de Lan, non
De Reins l'arcevesque d'eslite.
61ᵇ₄. mand[e] (que).
64ª l. V. sq. *st.* vous hastez, Et . . .
l. vos hostez En . . .
66ᵇ₂₂. *st.* Pour *l.* Contre; *ausserdem* (doulx) ²⁵
70ᵇ ᵤ. ₅. *st.* Entandez *l.* Entandis (< in tam diu + s); *vgl.*
48ᵇ ᵤ. ₃.
73ª ᵤ. ₄. *st.* voit *l.* soit.
75ª₁₇. *st.* Eschet *l.* Eschec.
77ª₁₇. prefi(l)z (< lat. praefixum, *das auch sonst häufig begegnet, geschr.* profis).
st. me *l.* no. — *Umgekehrt* 146ᵇ₁₃ *st* Ne *l.* Me.
77ᵇ ᵤ. ₁₄. *st.* en *l.* de.
79ᵇ₅. *st.* Cypre *l.* France.
82ª ᵤ. ₁₈. *st.* serons *l.* sçaurions.
83ᵇ₁. *st.* Et sy (M.) *l.* Et s'y.
84ª₁₈. pov[i]ez.
92ª ᵤ. ₂. *st.* vous *l.* nous. *Ebenso* 111ª₇.
94ᵇ ᵤ. ₇. Si(l).
96ᵇ₇. *st.* Seront *l.* Serons.
98ª ᵤ. ₁₂. *st.* Se *l.* Sy.

---

25) Das Wort *doulx* konnte dem Kopisten vor dem Namen *Jhesu-
Crit* gleichsam von selbst aus der Feder fliessen, da es für denselben
stehendes Epitheton war; vgl. 76ᵇ ᵤ. ₁₃, 105ᵇ₂, 140ª ᵤ. ₁₁, 170ª₇, 196ⁿ ᵤ. ₁₂,
199ª₂. 235ᵇ ᵤ. ₆.

101^b₁₁. *st.* Sy hardiz *l.* Se hardez.

103^a₁₁. Homme[s] sedillé[s].

106^a ᵤ. ₁₂. *st.* chrestïens *l.* sarrazins *oder*: les païens.

106^b₇. *st* Nous ne *l.* Nous nous.

109^a ᵤ. ₁₀, ₉. *interpungiere:*
> Passé dix ans; qu'en attendu
> C'on ne m'a au gibet pendu!

(111^a₁. veut *der Hs. ist gegen M.'s Lesung* va *beizubehalten*).

111^a ᵤ. ₈. *st.* Menez der Hs. *l.* Maintes — M.

(112^a₁₁. *M.'s Kommas vor und nach* seigneur *sind zu stveichen*).

112^a ᵤ. ₈. Ly lais(se) comme la loy [or]donne.

113^a₄₀. *st.* arté *vielleicht besser*: fermé, *das sonst im Sinne von* „verankern" *vorkommt, oder*: encré, *vgl.* 137^b ᵤ. ₃.

121^b₂. *st.* Meblesse *der Hs. l.* noblesse — M.

124^b ᵤ. ₁₂. *st.* bataille *l.* vitaille.

₁₁. *st.* il *l.* je.

126^a₈. seng[l]entement.

128^b₁₁. *st.* ne *l.* vous.

134^b₁, *st.* soyëz *l.* soiënt. *Umgekehrt* 139^a ᵤ. ₃.

135^b₂₀. *st.* Car saint *der Ils. l.* Car sans. ⎫ M.

136^a₁₂. *st.* Man *der Hs. l.* leur. ⎰

137^a₁₃. mis[t]ere.

141^a ᵤ. ₁₆. *st.* feriés *l*: yriés; *folgende Zeile trenne* par tout.

142^b ᵤ ₉. ha(i)n (: soudan). *Vgl.* 122^b ᵤ. ₆.

₃. *st.* fuis *l.* suis.

146^a₈. py[t]é.

146^b ᵤ. ₁₃. [j]à un mot

147^a ᵤ. ₁₂. [h]ault(r)ement.

148^b₁. *st.* vous *l.* voir.

149^a ᵤ. ₁₀. *st.* esroy *l.* esmoy.

150ₐ₁₆. Apcoy *der Hs.* löst *M.* auf: a part soy.

153^a ᵤ. ₁₆. *Ist st.* sortes *vielleicht* cordes *zu lesen?*

156^b ᵤ. ₈. *st.* lez convers *l.* soient couverz.

157^a ᵤ. ₄. des[s]iré (= déchiré, *cf.* 154^b₃.)

₂. *st.* Ja *der Hs. l.* Ne — M.

157^b₃. *st.* En *l.* 'A.

160^a₆. parlera(y).

160^a ᵤ. ₅. *st.* Des *l.* Du.

160^b₉. *st.* paly *l.* party (: paly).

161^b ᵤ. ₁₀. *st.* prenez *l.* suivez.

163^a₉. *st.* corps *der Hs. l.* tors. ⎫ M.

₁₇. „ sil lez „ „ „ si leur. ⎰

163^b₂. *st.* champas *l.* chau pas.

163ᵇ ᵤ. ₁₉. *st.* le navire *l.* la n.

   ₃. *st.* Si les *l.* Et si.

164ᵃ₄. *st.* ne *l.* n'en.

165ᵇ₉, ₁₀. *wohl so zu ändern*: (qu') ançois [Quo] par force on vous (y) fasse aler.

165ᵇ ᵤ. ₁₃. *st.* con *l.* la.

   ₁₀. *st.* Ou pont dasie et . . . *der Hs. l.* Ou port d'Acre ou . . — M.

166ᵇ₁₀. *st.* Maintenant nous ont . . . *der Hs. l.* Maintenus et fort . . . — M.

167ᵃ ᵤ. ₉. [C'] est.

168ᵃ ₙ. ₄. *st.* de *l.* d'à.

169ᵇ₉. *st.* afito *l.* aquite.

   ₁₆. *st* quelqu'un *l* nul grief.

169ᵇ ₙ. ₇. *st* affin *l.* à fin.

   ₂. *st.* Nen *der Hs. l.* Nous — M.

173ᵇ ᵤ. ₆. N'achette[nt], *ebenso*

174ᵃ₂₄. reçoive[nt].

175ᵃ ᵤ. ₂₇. *st.* XXᵉ *l.* XXXᵉ.

   ₅. *st.* grant *l.* gent.

   ₄. Aulcun(e)s [le] sont.

175ᵇ₂₃. [D'] un fait.

176ᵇ₂₁. mes f[r]ais — M.

176ᵇ ᵤ. ₃. *st.* sus *l.* sans.

177ᵃ₈. *st.* venrrez *l.* tenrrez.

   ₂₈. *st.* soumez *l.* souvent.

177ᵇ ₙ. ₁₆. *st.* baulevres *l.* deux levres.

179ᵃ₁. *st.* nico *l.* vice.

   ₁₂. *st.* des clous *l.* dis sous.

  ᵤ. ₁₁—₉ *schlage ich vor zu lesen*: Que (sur m)öy eusse[z] le contraire; [Ce] qu'au malfaiteur ay(ez) fait faire Me tournast à los, *non* à blasme, . . .

180ᵇ ᵤ. ₄. *st.* bon *l.* fond.

181ᵃ ᵤ. ₁₆. *st.* desjunay *l.* desjuné.

   ₁₅. De(s).

181ᵇ₁₇. *st.* gard de Dieu *wohl besser*: garde Dieu (cf. 49ᵇ ᵤ. ₂); *ebenso* 209ᵃ₂₃.

182ᵃ₅. *st.* confortez *l.* faictes cy.

   ₂₂. *ergänze und interpungiere*: orgueil [Qu'] à chascun pent autant à l'euil?

182ᵃ ᵤ. ₂₂. *st.* soir *l.* suer (: valeur), cf.: 105ᵇ₉, u. ö. — *Vgl.* cuer (< cor) : suer (< soror) 18ᵃ₉, ₁₀.

183ᵃ u. 9–5 *vielleicht so zu lesen*: Et si *fye*
Mon(s)t(r)er vers toy, roy paré.
Aumosnier, [or] soit conforté
A cez povrez, *et baille à eux*
A chascun VIII *sous*, je le veulx, …

184ᵇ₁₆. Se[e]z-vous (cy).

186ᵃ u. 12. *st.* sans *l* sous.

186ᵇ₃. *st.* me *l.* ne.

187ᵇ u. 5. *st.* Tartarinz *l.* Sarrasinz.

3. *st.* saradins *viell* : damasins, *da es sich um einen Zug gegen Damaskus handelt*; *oder sollte* saradins *mit dem Namen des, damals noch in frischem Gedächtnisse lebenden grossen Saladin im Zusammenhange stehen?*

201ᵇ u. 18 *st.* Huchez *l.* Sarchez.

204ᵃ u. 16. *st.* vous suplie *l.* ly s.

205ᵇ₁₄, ₁₅. mon(t) : semon(t).

211ᵇ u. 2. *st.* sy *l.* ne.

213ᵃ u. 3. *st.* le *l.* au.

214ᵃ u. 4. *st.* Assez *l.* Apres.

215ᵃ u. 9. *st.* la mere *l.* l'armée.

217ᵃ u. 3. *Die Überschrift* Le conte deueuent *ist wohl zu interpretieren* Le Conte deuxiesme [frere du roy]; *cf. nach* 217ᵇ₇: Le Conte IIIᵉ frere.

217ᵇ₁₆. *sl.* fent de destresse *vielleicht*: font de tristesse, *wie* 217ᵃ u. 7.

217ᵇ₁₉. *st.* Tant que *l.* Que tant.

219ᵃ₁₁. *st.* armez soyez *l.* venus s.

17. *st.* Se ce y *l.* Ceste-cy.

19. Voz (III) freres seront [là] dedans.

ᴵᴵ 20. *st.* Avant *l* Avec.

24. *st.* Navers *l.* naves.

25. *ist vielleicht so zu ändern*: Je croy qu'il en ara assez.

220ᵃ u. 17. *st.* liée *l.* priée. *

220ᵇ u. 10. *zt.* remort *wohl*: recors.

221ᵃ₂₄. *st.* oŷ *l.* oh!

222ᵇ₁₀. *st.* Marchez, demourez *l.* Marchons, demourons.

223ᵃ₁₀. *st.* chelerie *der Hs. lies*: chere lie — M.

223ᵇ u. 18. *st.* je suis *l.* j'y s.

225ᵇ₆. *st.* ne me *l.* ne m'est.

228ᵇ₃. *st.* fine chiennaille *ist wohl* faulce ch.. *zu lesen cf.* 228ᵇ u. 14, u. ö.

4

231ᵃ₁. De plain[e] asi[e]te — *entsprechend der sonstigen*
Schreibung in unserm Mister.
231ᵃ₁₇. *st.* oy *l.* huy.
231ᵇ₁₇. *st.* reculte *l.* rencontrent.
₁₉. Qu'ilz n'e[n]tre[nt] — M.
232ᵇ₆. *st.* sans jamais rapel *l.* jà sans nul rapel.
232ᵇ ᵤ. ₃. *st.* Et que peu que *l.* Et de peur que.
233ᵇ₂₂. En Cartage͡ [et].
234ᵇ₂. *st.* voie l. voyons.
236ᵇ ᵤ. ₈. *st.* que *l.* qu'en.
238ᵃ *Meine Besserungen zu dem Viersilbner-Rondel s.* § 68ᵃ.
239ᵃ₁₄. *st.* Pour *l.* Dans.
239ᵇ₁₅, ₂₀. *st.* apere *viell.*: aberre (?).
240ᵇ₂₁. *st.* sur *l.* par.
243ᵃ₁₀. *st.* de beliz *viell.*: des beaux liz; — *oder ist* bellis =
plaisance *aufzufassen?*
244ᵇ ᵤ. ₁₁. *st.* Mais *l.* M'est.

Schlussbemerkungen: Ästhetische Würdigung.

64. Breite Ausführung, matte Diktion (ausgen. in den
Strophen). — Es erübrigt noch, einen flüchtigen Blick auf
die Diktion des Misters zu werfen. MICHEL's vernichtendes
Verdikt lautet: *Le rimeur (car il ne mérite pas d'autre titre) ne
s'est mis en frais ni d'invention ni d'exécution* (p. II), und: *le
style en* (sc. *du Mystère) est plat et sans couleur* (p. IV). Gegen
dies summarische Verdammungs-Urteil lässt sich nach ge-
nauer Prüfung des *Jeu* kaum Einsprache erheben, wenigstens
insoweit der nichtstrophische Text — also fast ⅝ des Werkes
— in betracht kommt. Rein handwerksmässig hat der
Versifex sein Machwerk zusammengeschmiedet und dabei
seine Lust (oder einfach: Gewohnheit) des Versedrechselns so
wenig eingedämmt, dass er eine Menge sachlich überflüssiger
Füllverse um des leichteren Reimens willen hineingeflickt,
sowie viele Verse, von denen er nur ein paar Silben zur
Fortführung eines angefangenen Satzes benötigte, mit nichts-
sagenden Füllwörtern vervollständigt hat²⁶). In seinem Be-

---

26) Vgl. 20ᵇ l. V.: *Velecy prest ycy aucy* (für nfz: *le voici prêt*);
127ᵇ u. 6: *Vostre feu pere qui est mort* (!); 146ᵃ u. 16: *Il est vray, dame,
en verité*; 27ᵃ 20, 21: *Me faire, comme il apartient, Hommage, comme il est
raison;* u. v. a.

streben, den Zuschauern die geschichtlichen Thatsachen getreu vorzuführen (*moyenner l'ystoire*, 106ᵇ ₙ. ₂), malt er die nebensächlichsten, oder doch sonst für dramatische Darstellung am wenigsten geeigneten Vorgänge mit oft unerträglicher Weitschweifigkeit aus. In erster Linie sind hierher zu rechnen die häufigen Sendungen der unermüdlichen Herolde Fleurde-liz, Paris, Bonne Nouvelle, u. s. w.; die wiederholte Aufbietung der Lehnsfürsten nebst dem Sammeln und Aufbruch von deren Kontingenten; die langwierigen Friedensverhandlungen zwischen den verschiedenen kriegführenden Mächten; sowie andere politische und kirchliche Unterhandlungen und Erlasse. Man denke sich, dass das ganze *Estatut Nouvel* vom Jahre 1256 (173ᵃ sq., 175ᵃ sq.) und eine päpstliche Kreuzzugsbulle (197ᵇ sq. 200ᵇ) in Verse gesetzt und von der Bühne herab je zweimal *in extenso* verlesen werden! Das mehrfache Leidenslager des Königs, seine lehrhaften Auseinandersetzungen über christliches Leben und über Staatskunst (wahre *chastoyements* oder *ensenhamens* für seine Gemahlin und Söhne) und ähnliche Dinge werden in breiter Ausführung behandelt. Endlich bleiben uns auch Seekrankheit und etliche königliche Wochenbetten nicht erspart: die beklagenswerte fame grosse in Saint-Denis, so drei Tage lang nicht gebähren konnte, kommt sogar (durch ein Wunder des toten Königs) — *sit venia verbo — coram publico* nieder. Für alles das findet der Verf. Zeit und Worte[27]). Der Ausdruck erhebt sich dabei im Ganzen kaum über das Niveau der gewöhnlichsten Alltagssprache, welche er sogar, wegen der zahlreichen Verlegenheitsverse (s. oben) und Wiederholungen[28]) an Mattigkeit und Farblosigkeit recht

---

27) Hierbei laufen ihm gelegentlich die grössten Ungereimtheiten mit unter. So zitiert der ägyptische Sultan 97ᵇ u. 14, 13, wiewohl schon mit dem Tode ringend, noch einen regelrechten lat. Hexameter, ihn in zwei korrekte Achtsilbner zerlegend. 230ᵃ 22 fordert der seneschal d'Afrique nach einem Vortrag über die Gründung Karthago's seine Sarazenen auf, aus Liebe zu Dido's *amoureuse face* das Kastell wacker zu verteidigen (!).

28) Als ein Gegenstück zu denselben liesse sich allerdings die sehr abwechselungsreiche Einkleidung anführen, in welcher zuweilen ein und derselbe Gedanke oder Begriff an verschiedenen Stellen zum Ausdruck gebracht wird. Als Beispiel diene ein halbes Hundert Wendungen, welche sämtlich unserem „ohne Verzug. eilends" entsprechen: *legerement, incontinant, bref, en bref terme, trestout tantot, pié à pié, ysnel-le-pas, (tout) chau pas, (trestout) de tire, de bonne* (oder: *grant) tire, de bonne pouce; bon erre, bon (h)ale; tout sur l'eure, tout batant, tout alant; sans arter,*

häufig noch übertrifft. Zwar kann mit Recht behauptet
werden, dass im Durchschnitte aller Misters die Diktion —
entsprechend der Absicht der „Wiederholung der Wirklich-
keit" — eine überaus anspruchslose und schlichte ist; doch
werfe man nur einen Blick in das GRINGORE'sche Ludwigs-
·Mister, und man wird sich überzeugen, dass dies keine un-
abweisbare Forderung war. — Eine prinzipielle Einschränkung
erfährt das hier Gesagte nur zugunsten der Mehrzahl der
strophischen Abschnitte. In diesen gehobenen Partieen fehlt
es gelegentlich nicht an einer, der Situation angemessenen
Steigerung des Ausdrucks, an einer wirkungsvollen Anpassung
desselben an den Inhalt der darzustellenden Begebenheit:
sei es in den zahlreichen Bitten und Klagen der Königin
Marguerite, — in den Schlachtgebeten, in welchen die
fränkischen Ritter Sieg über die Ungläubigen erflehen oder
unter Martern ihren Geist in die Hände des Herrn befehlen,
— in den Kampfrondels, — in der *Chançon* der Chevaliers
de la Marche (s. § 68), — oder in der prächtigen dialogi-
sierten Abschiedsballade beim Aufbruch des Königs zum
heiligen Kriege (s. § 69[b]), in welcher die glühendste Liebe
zu *France la bien eurée* zum Ausdruck kommt, und die sich
noch heute, *mutatis mutandis*, als Glanznummer bei Schul-
deklamationen nicht übel ausnehmen würde.

65. Belebende Züge. — Ist nun für den nicht strophischen
Text hinsichtlich der Diktion eine Milderung des Gesamt-
urteils unstatthaft, so bietet er doch inhaltlich bei aller er-
müdenden Breite einzelne versöhnende Züge — versöhnend,
insofern sie dem modernen Leser eine Anschauung damaliger
Gebräuche und Sitten vermitteln. Es finden sich da manche
lehrreiche Mitteilungen über Waffen, Belagerungsmaschinen,
militärische Ausbildung und Kriegführung, — über Be-
lohnungen, welche den Herolden oder Wachtposten für über-
brachte Meldungen, oder dem Scharfrichter Maistre Golu

---

sans long arrest, sans faire arrest, sans arreste (: *teste*), *sans arrestage,
n'y ara arresté; sans remanoir, sans nul demain* (von *manēre*), *tout tantot
sans querir demain; sans detrier, sans detry; sans retraire; sans plus tarder,
n'y ara atardé, n'y ara plus tardé, sans long atarde* (: *garde*), *n'atargez
mye, sans jour ne demy targer; n'y ait respité; sans nul demeur, sans demour*
(: *amour*), *sans demeure* (: *eure*), *sans* (*longue*) *demourée* (: *fourrée*), *sans
demourance; sans nulz sejours, sans sejourner, n'y ait sejourné; sans* (*faire
longue*) *attente, sans plus longue attendue* (: *venue*), *sans attendre moiz ne
an; sans dilacion, sans lonc termine, sans espace; sans plus debatre, sans
lony sermon, sans plus lonc parlement* — wozu sich noch etliche andere
gesellen.

nach vollzogener Hinrichtung zuteil werden, — über die sittlichen Zustände im späten französischen Mittelalter, — über Alarmblasen, Tafelmusik und Tänze, Kirchenlieder, Litaneien, Beichtformeln und ein Tischgebet des Königs, — ferner eine interessante Notiz über einen Briefkasten (57^{b}13). Überaus zahlreich sind die Belege für die höfische Form der Begrüssung und Verabschiedung, weniger häufig diejenigen zur Geschichte des Aberglaubens[29]), oder die Anspielungen auf Zeitereignisse[30]). Des wichtigen Kapitels vom Fluchen und sonstiger zwischen Christen und Sarazenen üblicher Kraftsprache[31]) hat sich der Verf. mit sichtlicher Wärme angenommen. Einige, besonders auf Erregung der Heiterkeit abziolende Auftritte sind der köstliche Streit der povres ladros 180$_{a-b}$, sowie die Höllenszene 109^b sq.: hier berichtet Penthagruel über einen Streifzug nach Paris zu jenen *galanz qui avoyent beu Hier au suer jusqu'à Hebrëoz*, und giebt dann eine Art humoristischer Erklärung des, allen durstigen Seelen als „Brand" bekannten pathologischen Zustandes[32]); Titynillus beichtet seine Abenteuer in Kirchen und Klöstern, wo er nächtlicherweile die unheiligen Gedanken der Nonnen, Domherren &c. belauscht und — der Indiskrete! — auf

29) 142^a 10 sq. sagt König Ludwig: *Le faulx Mahommet, Que vostre loy met Dieu especïal, A terre tummet, Je le te promet, Espris du hault mal; Et le deslëal Ung coulon duisoit, Lesquel ne mengeoit Point qu'en son oreille, Alors qu'il chëoit: Lors croire faisoit Au peuple merveille.* — 83^a u. 17, 16: *Mahomet, qui jut d'un pourceau Mengé, vous gard, sire calife!* — Vgl. 192^a 15 sq., wo der *premier Templier* gleichfalls mit Bezug auf Mohamed sagt: *Lequel, aincy que l'escript met, Se lessa menger aux pourceaulx. C'est, je croy, un des fais plus beaulx Qu'il fit oncques desur la terre.* 30) 75^u u. 8 sq. ruft ein thatendurstiger burgundischer Ritter aus: *Ha! que ne suis-je maintenant Contre ce Turc qui est en Grece? Je ly eschauffaroye la fesse, Ce me semble, ou g'y morroye. Par la mortdieu! je le turoye, Et eust die mille vies au corps!* — eine, wenige Jahre nach dem Falle Konstantinopels sicher von jedem Zuhörer verstandene Anspielung. Merkwürdig, dass sie nach Verlauf von vier Jahrhunderten von ihrer „Zeitgemässheit" noch nichts eingebüsst zu haben scheint. 31) Hier seien aus dieser Blütenlese nur ein paar Ausdrücke aufgeführt: *les tristes desconffis, ce faulx peuple amer, ces chiens plains d'oultraige, faulce larronaille (chiennaille, ribaudaille, merdaille), faulx chienz et despis, ce mastin despité* („dieser frecche Hund"), *triste mastin pourri!* — Würdig reihen sich die groben Ausfälle der Schiffsführer (*patrons*) an, welche regelmässig mit belustigender Schlagfertigkeit von den Matrosen (*maronniers*) heimgezahlt werden. 32) 110^a u. 8 sq.: *Tandis qu'ilz estoyent au repos, Je leur ay par soutille touche Bouté du sel dedens la bouche Doucement sans lez esveiller; Mais, par ma foy! au resveiller, Ilz ont eu plus soef la mitié Que devant.*

einzelnen Zetteln sofort zu Papier gebracht hat; Pluto macht
den lustigen Vorschlag, die Seele des Sultans in eine Hostie
einzukapseln, um mit ihr Fangball zu spielen, während
Lucifer eigenhändig die Lohe facht, in welcher der *mescrëu*
gebraten werden soll. — Gelegentlich erfährt die drückende
Eintönigkeit der Erzählung noch eine willkommene Unterbrechung durch ein paar Zötlein des wackern Leibkutschers
Voiterot[33]), des seigneur de Coucy[34]), oder der beiden
chevaliers de la Marche[35]). Freudig begrüssen wir
endlich das vereinzelte Wortspiel[36]), zu welchem der Anonymus sich aufschwingt, — trotz der Dürftigkeit des „Dinges
an sich" — als ein deutliches Anzeichen latenter humoristischer
Begabung.

Anhang: Textproben.

66. Jargon anglo-français.
36ᵃ₁₂ sq.: Qui dicty-moy? ne tent point vouz;
Parly de langag d'Engleterre. --
— Milor, ly dit, by saint Mare!
Que tout vot gent futy en larm
Pour aly bintot a wacarm
Atout la gent milort a rey. —
— Haha! arquet, dity-vous vray?
Bi saint Joan! quant je fut larme,
Je fait[y] crii tel vacarme

33) Obwohl sein Gefährt auf der Reise nach Paris mit Hoffräulein
so schwer beladen ist, dass dessen Fortschaffung fünf Rosse erfordert,
schwelgt dieser würdige chartier in der Vorahnung der, seiner dort
harrenden Genüsse in so wenig hoffähigen Ausdrücken, dass er sich vom
seigneur de Chastillon einen etwas ironischen Verweis zuzieht. (Bl.21a).
34) Auf dem, zur Feier der königlichen Vermählung stattfindenden
Hofballe erweist dieser lüsterne Kavalier sich als seiner Gefühle so wenig
Herr, dass er jüngeren Damen gegenüber seinen herzbrecherischen Talenten
incontinant Geltung zu verschaffen sucht (Bl. 25ᵃ).
35) In einem überaus köstlichen Zwiegespräch über das Schicksal
ihrer jungen Frauen während der bevorstehenden Kreuzfahrt suchen sie
in dem Gedanken Trost (und finden ihn leichtlich), dass den Verlassenen
aus den gern abgestatteten Besuchen der curez, clers und escoliers (!)
für den zeitweiligen Verlust ehelicher Freuden ein voller Ersatz erstehen
möge: ist ja auch ganz einfach: *Nous ne povonz estre partout!* (Bl. 70ᵇ, 71ᵃ).
37) Der Regent de Chamelle quittiert einen wuchtigen Hieb,
den er im Handgemenge empfangen, mit den Worten: *J'ay beu un cop
dont je me dueil* (88ᵇ₁₆).

Que trestout mon gent fut billy.
— Harau, dyt-vous-moy ou aly,
J'ous empry mon emy la rey,
Et je done-vous, by me fay!
Tout contenty de bon cu d'or.
Godesepit en gode mor
Alaquesoz en goudonach
A tro magot houose aconach,
Mais que nous futy bin l'armé . . . .
— By saint Joan! moy fut bin joly
Que nous faly aly en Frans.
Pregny trestout de hach, de lans,
De pé, de dac et de guisarm;
Nous fait à Franchequin wacarm
Et guerre, ja sçavoy trop bin.
— Milort, bigot! à se bodin,
36ᵇ· Je futy prete pour pily;
J'alé de guerre hardely.
Se l'Armenac futy bin fors, ...
— Alé trestout devant jeudi
A milort de rey de Gleter.

67. **Chanson** des chevaliers de la Marche, en partant pour
la (sixième) croisade:

71ᵃ₁₃ ₛq.: Adieu les damez de vaillance
Qu'il fait si plaisant acoler.
En la guerre nous faut aler:
C'est pour servir le roy de France.
Adieu, m'amour et ma plaisance,
Adieu celle que doy amer:
Il nous convient passer la mer,
Pour faire longue demourance.
Adieu, lez [damez de vaillance &c.].
Gentez damoisellez de France,
Priez gour nous Dieu de cuor fin,
Car sur le peuple sarrasin
Nous faurra endurer souffrance.
Adieu &c.
Adieu toute resjouissance
Et le joly païs françois;
Adieu dame[z]au cuer courtois,
Pour vous dorrons maint cop de lance.
Adieu &c.

68. Rondels.

a) Kampf-Triolet, 234ᵃ₃ sq.:

(LE ROY DE) TUNES.

A mort!

(LE DUC D') AFRIQUE.

Tués!

LES FRANÇOIS.

Vive le roy!

TUNES.

Dedens!

AFRIQUE.

Qui vive?

LES FRANÇOIS.

Sainct-Denis!

AFRIQUE (DIT 'A PHILIPE):

Rens-toy, ribault!

PHILIPE.

A qui? à toy?

TUNES.

'A mort!

AFRIQUE.

Tués!

PHILIPE (TOUT PARMY).

Vive le roy!

(ILZ BATAILLENT).

AFRIQUE.

Retraite!

TUNES.

Rentrons, par ma loy!

A ce coup ilz seront peris.

A mort!

AFRIQUE.

Tués!

LES FRANÇOIS.

Vive le roy!

TUNES.

Dedens!

AFRIQUE.

Qui vive?

LES FRANÇOIS.

Sainct-Denis!

b) 16-zeiliges Rondel des sterbenden Königs, 238ᵃ ᵤ. 18 ₛq.:

LOYS.
Adieu, enfans.
PHILIPE.
Adieu, cher pere.
JEHAN.
La Vierge mere
Vous soit deffens!
LOYS.
Tost s'rés orphans,
C'est chose clere.
Adieu, enfans.
LVS III. ENFANS.
Adieu, cher pere.

PIERRE.
Je pers tout sens,
Je desespere.
[JEHAN].
Ah! quelle amere
Doleur je sens!
LOYS.
Adieu, enfans.
LES III ENFANS.
Adieu, cher pere.
PHILIPE.
La Vierge mere
Vous soit deffens!

69. Balladen:
a) der Marguerite beim Aufbruch des Königs nach Tunis, 219ᵇ ₉ ₛq.:

Adieu te dis, mon [très] bel amoureux,
Adieu te dis diz mille foys et plus.
Pour toy sera le mien cuer langoureux
Et desplaisant, quant ne te verray plus;
Pour toy sera mon povre cuer renduz
En desplaisir et de tous maulx mehuz;
De nulz esbas ne sera re[n]voisi.
Adieu de joye et esbaz le surplus,
Adieu soyes tu qui preudome me fus:
Adieu celui que j'ay sur tous choisi.
Adieu [te dis,] le plus noble de France;
Adieu la fleur de toute gentillesse.
Je prie à Dieu qu'il te gard de souffrance
Et le maintiengne en joye et en liesse.
Adieu le chef de trestoute noblesse;
Adieu celui qui le mien cuer tant blesse.
Plus ne te voy, helas! bien me pois-y.
Tu me laisses demeure en tel angoisse;
Mais mon cuer chante en pleurant de destresse:
Adieu celui que j'ay sur tous choisi.
Or plaise à Dieu que plus guere ne vive,
Afin que n'aye plus de tel dueil remort;
Car tel douleur contre mon cuer estrive,
Que je n'en puis plus endurer sans mort.
Se pour toy muir en mortel desconfort,

Que je n'ayë de te voir reconfort,
Sur mon sepulcre ruïneux et moisy,
Fait de jayet, marbre ou albatre fort,
Feray escripre, puisqu' ainsi en fort: (?)
Adieu celui que j'ay sur tous choisi.
b) Dialogisierte Ballade beim Aufbruch des Königs nach Ägypten, 74b₁ ₛq.:

LE CONTE DE POTIERS.

Adieu, le roy des fleurs-de-liz;
Adieu, toute fleur de noblesse;
Adieu, d'onneur lez plus esliz;
Adieu, de France la prouesse;
Adieu, les pris de gentillesse;
Adieu, *vaillant prince* d'onneur;
Adieu, dez François la haultesse —:
Adieu, de paix le gouverneur!

SAINT LOYS.

Adieu, France la bieneurée;
Adieu, France, pays courtois;
Adieu, France, terre honnourée;
Adieu, France, pris de tous roys;
Adieu, France, de tous lieux chois;
Adieu, France, lieu de doulceur;
Adieu, France!

LA ROYNE BLANCHE.

Adieu, roy courtois;
Adieu, de paix le gouverneur!

SAINT LOYS.

Adieu, la cité de Paris;
Adieu, de justice fontainne;
Adieu, clargyë de hault pris;
Adieu, sapïence haultainne;
Adieu, la cité souverainne;
Adieu, le lieu de tout bon eur;
Adieu, nostre royal demainne!

LE CONTE DE POTIERS.

Adieu, de paix le gouverneur!

SAINT LOYS.

Prince du ciel, au dire adyeu,
Prens de mon resgne la teneur,
Garde le grant et le minneur:
Je m'atens de garder mon lieu.
[LE CONTE DE POTIERS]
Adieu, de paix le gouverneur!

1.

Berichtigungen.

§ 5, Zeile 3, lies: dem Namen.
§ 22, Z. 1, statt („Rahel") lies: (Name, Schwiegervater des
Tobias; nfz. zweisilbig).
§ 29, Z. 4, lies: *victorien* (: *tien*).
Anm. 20, letztes Wort, lies: *perez*.
§ 35, Z. 5, statt 118ᵃ ᵤ. ₁₄ lies: 118ᵃ ᵤ. ₄.

Übersicht.

Lebenslauf.

Am 13. Juni 1865 wurde ich, HANS L. W. OTTO, zu Perleberg in der Mark geboren. Ich bin evangelischer Konfession. Seit 1873 besuchte ich das Kgl. Französische Gymnasium zu Berlin, welches ich mit dem Zeugnis der Reife 1884 verliess, um mich dem Studium der romanischen Philologie zu widmen. Ich studierte von 1884 bis 1889 an den Universitäten zu Rostock, Freiburg im Breisgau, Leipzig, Paris und Berlin, und legte daselbst 1890 das Staatsexamen ab. -- Meine akademischen Lehrer waren: (roman. Philologie:) neben A. TOBLER : F. NEUMANN, H. KÖRTING, G. PARIS, P. MEYER, A. DAR-MESTETER, E. SCHWAAN, B. BOUVIER; — (Goschichte:) SCHIRRMACHER, G. VOIGT, P. WEIZSÄCKER ; -- (Geographie:) GEINITZ, F. VON RICHT-HOFEN; -— (Philosophie und Pädagogik:) W. WUNDT, W. DILTHEY. Nachdem ich meiner Militärpflicht genügt, siedelte ich 1892 nach den Vereinigten Staaten über, wo ich vier Jahre Universitäts-lektor der französischen und spanischen Sprache war. Hier ver-öffentlichte ich in den Modern Language Notes 1892-3-4-5 mehrere Abhandlungen zum spanisch-portugiesischen Folklore &c. Vielfache Belehrung über diese Studiengebiete verdanke ich der ge-lehrten Romanistin Dr. C. M. DE VASCONCELLOS in Porto. Nach halbjährigem Studien-Aufenthalt in London kehrte ich 1897 nach Deutschland zurück, und bestand am 25. Mai zu Greifs-wald das Examen rigorosum. Auf das im Vorstehenden behandelte Thema lenkte meine Aufmerksamkeit Herr Professor STENGEL, dem ich mich für seine, bei Ausarbeitung desselben erteilten Ratschläge zu grösstem Danke verpflichtet bekenne.

Thesen.

—·—

1. Das in der spanischen Romanzendichtung übliche Sieben-
silbnerpaar geht, trotz der vorherrschenden syntaktischen
Selbständigkeit beider Hälften, auf eine ursprüngliche
Langzeile zurück.

2. Der altportugiesische Name der „Kettengedichte" ist nicht
mit THEOPHILO BRAGA *atehudas* zu lesen, sondern (*cantigas de*)
atafiinda; cf. c. M. DE VASCONCELLOS, im Grundriss der
Romanischen Philologie, II, 2, S. 195.

3. Die französische *cedille* ist spanischen Ursprungs, Der
ursprüngliche Name lautet *zedilla* = *zeda* + Diminutiv-
Suffix, und bezeichnet ein „kleines *z*". Ein solches wurde
im älteren Spanisch fast ausnahmslos dem *c* angehängt,
wenn es die Aussprache von *z* hatte, gleichviel vor welchem Vokal.

————◦•◦————